Das FernsehGarten
Heimwerker ABC
Grundlagen, Tipps und Tricks von Mick Wewers

Das FernsehGarten
Heimwerker ABC
Grundlagen, Tipps
und Tricks von Mick Wewers

Inhaltsverzeichnis

Liebe Leserinnen und Leser, liebe Heimwerkerneulinge,

schon seit einiger Zeit habe ich darüber nachgedacht, ein Buch zum Thema Heimwerken zu schreiben. Jetzt bin ich endlich dazu gekommen und das Ergebnis liegt vor Ihnen. Ich freue mich sehr, dass Sie meine Einladung zum Kennenlernen des kleinen 1 x 1 des Heimwerkens annehmen!

Mit diesem Buch verfolge ich verschiedene Ziele: Sie sollen informiert werden, Sie sollen eine Anleitung zu den kleinen Herausforderungen des Heimwerker-Alltags erhalten, und Sie sollen die Scheu vor dem unbekannten Feld „Baustelle" verlieren! Und natürlich möchte ich Sie nicht zuletzt für die interessanten Themen des Heimwerkens begeistern!

Heimwerken ist dabei mehr als eine lästige Aufgabe oder das gesparte Geld für den Handwerker. Heimwerken ermöglicht uns das Erschaffen eigener Lösungen und kann uns mit Stolz erfüllen. Es ist einfach ein schönes Gefühl, nach getaner Arbeit das Ergebnis seiner Arbeit zu bewundern. Und sich hin und wieder mal selbst auf die Schulter zu klopfen, kann ja sicher nicht schaden.

Daher widme ich dieses Buch ganz bewusst Ihnen, den Neulingen im Heimwerken. Lieber möchte ich Sie motivieren, als meine Kollegen beeindrucken.

Da die Seitenzahlen eines Buches begrenzt sind und man bei einem so umfassenden Thema wie dem Heimwerken kaum ein Ende findet, habe ich versucht, die Themen vorzustellen, mit denen ich in den letzten Jahren in meinen Sendungen am besten gefahren bin. In meinen Sendungen habe ich immer wieder gemerkt, dass die unerfahrenen Menschen, mit denen ich zusammenarbeite, überrascht sind, wie einfach manche scheinbar große Herausforderung gelöst werden kann. Das Einzige, was diesen Menschen fehlte, waren der Glaube an die eigenen Fähigkeiten und die richtige Anleitung. Sicherlich erlernt manch einer einen Handgriff schneller als ein anderer, aber oftmals ist es eher die Angst vor der Aufgabe bzw. vor dem Scheitern, die uns abschreckt.

Wenn ich Ihnen sage, dass Tapezieren eigentlich ein Kinderspiel ist und dass das Anbringen einer Lampe weniger als 10 Minuten dauert, werden Sie evtl. den Kopf schütteln. Aber viele Male wurde mir von Laien bestätigt, dass die Arbeiten doch wesentlich einfacher sind, als zu Beginn gedacht.

Eines noch vorweg: Es ist noch kein Meister vom Himmel gefallen, und wie jede andere Fähigkeit, wird Ihnen auch das Handwerken mit zunehmender Übung immer besser gelingen. Wenn Sie mich fragen, geht es im Leben nicht darum, alles sofort richtig zu machen, sondern die Herausforderungen anzunehmen und sein Bestes zu geben. Daher lautet mein Motto: Immer nur darüber reden, ist langweilig, Selbstmachen macht Spaß!

Genau wie Sie auf dem Gebiet des Heimwerkens, bin ich ein Neuling im Bereich des Bücherschreibens. Sicher ist beim ersten Versuch noch nicht alles perfekt, aber Sie können sich sicher sein, dass ich viel Liebe, Zeit und Arbeit in dieses Buch gesteckt habe und mich nun freue, es Ihnen vorstellen zu können.

Liebe Grüße, Geduld und Hals- und Beinbruch in der Welt des Heimwerkens!

Ihr Mick Wewers

Grundlagen

Nach diesem Kapitel werden Sie sicher kein zertifizierter Profi sein. Aber Sie werden einige Fachbegriffe kennengelernt und hoffentlich auch Erkenntnisse zum Heimwerken gewonnen haben. Ich bin davon überzeugt, dass die Kreativität, die beim Erschaffen von eigenen Werkstücken entsteht, Ihr Leben bereichern kann. Wenn Sie mich fragen, beflügelt uns unsere eigene Kreativität und sie tut Körper und Seele einfach richtig gut.

Die kleine Werkzeugkunde

Welche Werkzeuge gehören in eine gut sortierte Werkzeugkiste?

Seit Beginn meiner Lehre, und sogar schon in der Zeit davor in der kleinen Heimwerkstatt meines Vaters, habe ich viele Werkzeuge in der Hand gehalten. Von diesen möchte ich Ihnen eine kleine, aber wichtige Auswahl vorstellen. Meiner Meinung nach geht es bei Werkzeug mehr um Qualität als Quantität. Sie brauchen sicherlich nicht jede Neuheit, die es auf dem Markt gibt! Aber eine Auswahl der wichtigsten Werkzeuge wird Ihnen das Handwerken und Leben leichter machen. Hier eine Liste der Werkzeuge, die jeder ambitionierte Heimwerker im Haus haben sollte.

Der Baumarkt- „Einkaufszettel"

- 1 x Hammer 3 x Zangen (Wasserpumpenzange, Kombizange, Kneifzange)
- 1 x kleine Feinsäge oder Japansäge für Holz
- 1 x kleine Metallsäge (Puksäge)
- 1 x Cutter
- 1 x Winkel
- 1 x kleine Wasserwaage
- 1 x Spachtel oder Japanspachtel
- 1 x Zollstock (Gliedermaßstab)
- spitzer Bleistift
- 1 x Schraubendreher (Mehrzweck, mit verschiedenen, austauschbaren, großen/kleinen Kreuz- bzw. Schlitz-Bits)

- 1 x Akkuschrauber
- Metallbohrer (1mm–10mm)
- Spannungsprüfer/Phasenprüfer
- verschiedene Größen Kabelbinder
- Klebeband
- ein kleines Stück Dachlatte (Holzleiste, ca. 100mm lang) zum Unter- oder Hinterlegen von Materialien (z. B. beim Bohren)
- einen Satz Inbus-/Sechskantschlüssel
- 3 x Maul-/Ringschlüssel (10er/11er, 13er/14er, 17er/19er)

Micks Tipp:

Eine neue Wasserwaage sollte auf Funktionsfähigkeit geprüft werden: Man legt die Wasserwaage auf ein Regal und merkt sich so genau wie möglich den Stand der Libelle zwischen den beiden Strichen. Jetzt dreht man die Wasserwaage horizontal mit der Libelle um 180° nach oben und vergleicht die neue Libellenposition mit der vorherigen. Weicht die neue Position von der alten ab, ist die Wasserwaage beschädigt. So etwas kann leider sehr schnell passieren. Eine Wasserwaage muss nur aus geringer Höhe auf den Boden fallen und schon ist die Messgenauigkeit Vergangenheit.

Akkuschrauber

Der Akkuschrauber ersetzt heutzutage oftmals den klassischen Schraubendreher und erleichtert und beschleunigt die Arbeit. Dank der Elektrik ist eine schnellere Umdrehung und höhere Kraftübertragung gewährleistet. Für den Akkuschrauber gibt es ebenfalls alle gängigen Bits.

Bits

Bits sind kleine Aufsätze für die verschiedenen Kopfformen der Schrauben. Fälschlicherweise werden diese oft als Pfennigartikel deklariert. Aber wenn Sie einmal mit einem Bit gearbeitet haben, der nicht richtig sitzt und im Schraubenkopf den Halt verliert, wissen Sie, weshalb es auch hier wichtig ist, auf Qualität zu achten. Wichtig ist, dass der Bit exakt und ohne Spiel in das entsprechende Mitnahmeprofil passt. Andernfalls kann er abrutschen oder im Profil überdrehen, was ein weiteres Eindrehen oder späteres Ausschrauben unmöglich machen kann.

Bohrhammer

Der Bohrhammer wird besonders bei harten Wänden aus Stein oder Beton eingesetzt. Er verfügt über einen Schlagimpuls, der das Material noch effizienter zermürbt und somit das Arbeiten erleichtert.

Cutter

Der Cutter, oftmals auch Teppichmesser genannt, ist ein sehr scharfes Messer, dessen Klinge bei Nichtgebrauch in das Messergehäuse eingezogen werden kann. Das Messer kann vielfältig eingesetzt werden: sowohl zum Einritzen und Markieren als auch zum Schneiden von verschiedenen Materialien.

Einpoliger Spannungsprüfer oder Phasenprüfer

Bei einem Phasenprüfer handelt es sich um einen kleinen, isolierten Schraubendreher zur Überprüfung von Stromspannung. Phasenprüfer unterliegen speziellen Sicherheitsanforderungen, da sie Stromspannung zuverlässig erkennen und ihren Bediener nicht gefährden dürfen. Darüber hinaus werden sie beim Verbinden von Stromkabeln mit Lüsterklemmen benutzt.

Feinsäge

Die Feinsäge ist eine Unterart der Japansäge. Genau wie diese ist sie eine Handsäge und verfügt über ein fein gezahntes, rechteckig geformtes und dünnes Sägeblatt. Man verwendet sie für feine, oberflächliche Schnitte sowie zum Zuschneiden von Leisten oder Holzdübeln.

Fuchsschwanz

Im Gegensatz zur Fein- oder Japansäge wird der Fuchsschwanz für gröbere Zuschnitte verwendet. Die Zahnung ist größer und das Sägeblatt steifer als das einer Japansäge. Je nachdem, welches Sägeblatt gewählt wird, kann man auf Schub oder auf Zug und Schub schneiden. Man verwendet den Fuchsschwanz hauptsächlich zum Zersägen großer Platten oder Massivholzbalken.

Gehrungssäge

Die Gehrungssäge ist, wie der Name schon sagt, eine Säge, mit der man verschiedene Materialien auf Gehrung sägen kann. Es gibt sie in einer elektrisch angetriebenen Version, aber auch als Handsäge. Ihr Blatt kann in unterschiedlichen Winkeln eingestellt werden. Somit ist es möglich, Gehrungen in verschiedenen Winkeln zu sägen.

Glätter/Traufel

Bei einem Glätter, auch Traufel oder Glättkelle genannt, handelt es sich um ein ca. 1 mm dickes, rechteckiges, rostfreies Stahlblech mit einem Holz- oder Kunststoffgriff. Der Glätter ist bei Fliesenlegern, Maurern oder Stuckateuren zu Hause. Mit dem Glätter wird üblicherweise Putz auf Wände aufgetragen und dann verputzt. Dieses Werkzeug kommt üblicherweise bei Renovierungen und Sanierungen von Wänden oder Böden zum Einsatz. Löcher, Risse und Unebenheiten werden geglättet und verputzt. Für die richtige Anwendung des Glätters ist meist etwas Übung notwendig.

Sendung
Sinnvolles Werkzeug für den Hausgebrauch

Handkreissäge

Die Handkreissäge ist eine kleinere Version der stationären Kreissäge, mit der man z. B. große Holzplatten zuschneidet. Jedoch wird hier nicht das Werkstück zur Säge geschoben, sondern die Säge über das Werkstück geführt. Für runde Schnitte ist diese Säge nicht geeignet. Die Handkreissäge ist etwas für Fortgeschrittene!

Inbus-/Sechskantschlüssel

Der Innensechskantschlüssel, auch Inbusschlüssel genannt, wird zum Lösen oder Festziehen von Schrauben mit Innensechskant-Schraubenköpfen genutzt. Ein Inbusschlüssel ist Ihnen wahrscheinlich beim Aufbau von Möbeln eines schwedischen Möbelherstellers schon einmal in die Hände gekommen.

Japansäge

Bei der Japansäge handelt es sich um eine Handsäge zum Bearbeiten von Werkstücken aus Holz. Mit dieser wird „auf Zug" gesägt. Dies ermöglicht das Arbeiten mit einem besonders dünnen Sägeblatt, ohne dass sich dieses verbiegt. So sind besonders feine Schnitte mit geringem Kraftaufwand möglich.

Japanspachtel

Der Japanspachtel, auch Flächenspachtel genannt, besteht aus einem rechteckigen, elastischen Metallblatt. An einer der breiteren Kanten befindet sich eine Kunststoffummantelung, die als Griff dient. Den Japanspachtel gibt es in vielen verschiedenen Größen für die vielfältigen Anwendungsgebieten dieses Werkzeuges. Er wird verwendet, um kleine Löcher oder Unebenheiten mit Spachtelmasse auszugleichen. Natürlich kann man ihn auch benutzen, um alte Tapete oder Farbe zu entfernen.

Kombinationszange

Die Kombinationszange, im Handwerkerjargon „Kombizange" genannt, ist ein Multifunktionswerkzeug, welches zum Greifen oder Abzwicken von Drähten genutzt wird.

Kneifzange

Die Kneifzange wird zum Greifen von Nägeln oder Dübeln verwendet. Mit ihrem flachen Kopf kann man bequem alte oder falsch gesetzte Nägel aus einer Wand oder anderen Objekten ziehen.

Kleine Metallsäge

Eine Metallsäge sollte in keinem Haushalt fehlen. Sie ist klein und handlich und verfügt über ein auswechselbares Sägeblatt. Man kann sie zum Sägen von Kunststoffrohren oder für den Zuschnitt von Verbund- oder Kupferrohren mit geringem Durchmesser verwenden.

Kabelbinder

Kabelbinder sind nützliche Verbündete aus Kunststoff und dienen als schnelles Verbindungs- oder Befestigungselement.

Kappsäge

Eine Kappsägen wird zum Kappen bzw. Ablängen von Holz verwendet. Es handelt sich dabei um eine abgewandelte Form der Handkreissäge.

Maul-/Ringschlüssel

Maul- und Ringschlüssel sind Schraubenschlüssel und werden demnach zum Lösen oder Anziehen von Schrauben oder Muttern genutzt. Maulschlüssel werden verwendet, um Sechskant- oder Vierkant-Schraubenköpfe oder -Muttern zu drehen. Sie sind an ihrem Kopfende geöffnet und werden um die Schraube oder Mutter geschoben. Ringschlüssel sind mit einem ringförmigen Sechskant oder Doppelsechskant-Profil versehen und werden auf die Schraube oder Mutter gesetzt.

Ratsche/Knarre

Mit einer Ratsche oder Knarre können auch unter räumlich beengten Bedingungen Schrauben und Muttern gedreht werden. Sie arbeitet mit einer umlaufenden Drehbewegung und wird mit dem jeweiligen Steckaufsatz auf eine Schraube oder Mutter gesetzt. So können diese auch mit geringem Abstand festgezogen oder gelöst werden, ohne dass eine ganze Umdrehung der Ratsche/Knarre erforderlich ist.

Ringschlüssel

siehe Maulschlüssel

Rohrzange

Die Rohrzange, auch Schwedenzange genannt, wird zum Arbeiten an und mit Rohren verwendet. Ihre klassischen Anwendungsgebiete sind die Sanitärinstallation und der Heizungsbau.

Schleifklotz

Ein Schleifklotz wird zum Abschleifen von Kanten und Oberflächen verwendet. Es handelt sich um einen Klotz aus einem elastischen Material, wie Kork, der mit Schleifpapier umwickelt wird.

Schleifmittel

Es gibt verschiedene Arten von Schleifmitteln, z. B. Stahlwolle, Schleifvlies, Bürsten mit Schleifborsten, Schrubbscheiben für den Winkelschleifer, Aufsätze für eine Bohrmaschine etc. Das bekannteste Schleifmittel ist wohl das Schleifpapier, welches in unterschiedlichen Körnungen (z.B. 40er, 60er, 80er, 100er, 120er, etc.) angeboten wird.

Schlosserhammer

Der Schlosserhammer ist als klassischer Hammer eigentlich jedem bekannt. Er besteht aus einem Holzstiel und einem Kopf, der sich aus Bahn und Finne zusammensetzt. Der Hammer gehört zu den ältesten und bekanntesten Werkzeugen und sollte Teil eines jeden Werkzeugkastens sein.

Schraubendreher

Der Schraubendreher zählt ebenfalls zu den bekanntesten Werkzeugen und wird zum Festziehen oder Lösen von Schrauben genutzt. Sicherlich ist Ihnen schon einmal aufgefallen, dass es verschiedene Schraubenkopfformen, wie z. B. „Kreuz" oder „Schlitz", gibt. Für die heutigen Anforderungen ist es sinnvoll, einen Schraubendreher mit verschiedenen Bits in der Werkzeugkiste zu haben. Bits sind Schraubendreher-Aufsätze für die verschiedenen Mitnahmeprofile bzw. Kopfformen.

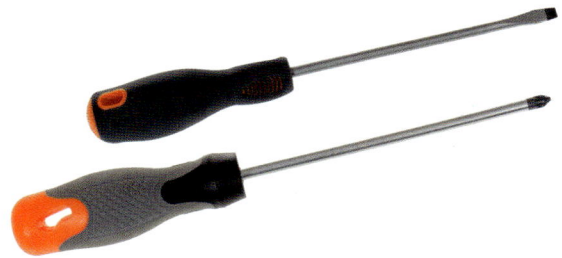

Schwingschleifer/Exzenterschleifer

Bei dem Exzenterschleifer handelt es sich um ein handgeführtes Elektrogerät, das dank seiner austauschbaren Schleifauflagen unterschiedlichste Oberflächen behandeln kann. Er wird zum Schleifen von Metall, Holz, Glas und Kunststoff eingesetzt. Er hat eine rotierende Schleifscheibe, die Riefen im Material verhindert. Dies ist der große Vorteil gegenüber einem Schwingschleifer. Dieser schwingt „nur" hin und her, weshalb Arbeiten quer zur Holzmaserung vermieden werden sollten, da sonst Riefen quer zur Maserung entstehen.

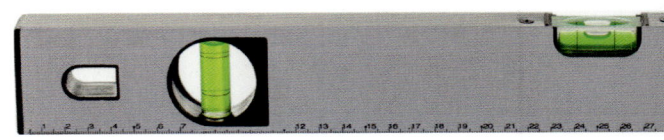

Spachtel

Genau wie der Japanspachtel wird auch der europäische Spachtel vielfältig verwendet: ob zum Ablösen von Tapete oder zum Auftragen und Verstreichen von Spachtelmasse o. Ä.

Stichsäge

Die Stichsäge ist eine handgeführte Elektrosäge. Sie kommt besonders bei Kurvenschnitten oder Anpassarbeiten zum Einsatz. Sie arbeitet mit einem kleinen, schmalen Sägeblatt, das einseitig eingespannt wird. Mit dem freien Ende kann die Stichsäge in das zu zersägende Material einstechen, daher kommt auch der Name.

Wasserwaage

Die Wasserwaage wird zum Prüfen der horizontalen oder vertikalen Ausrichtung eines Objektes, z. B. eines Bilderrahmens, genutzt. Das auf oder in der Wasserwaage angebrachte Glas- oder Kunststofffröhrchen, welches mit Flüssigkeit und einer Luft- oder Gasblase gefüllt ist, wird Libelle genannt.

Traufel

siehe Glätter

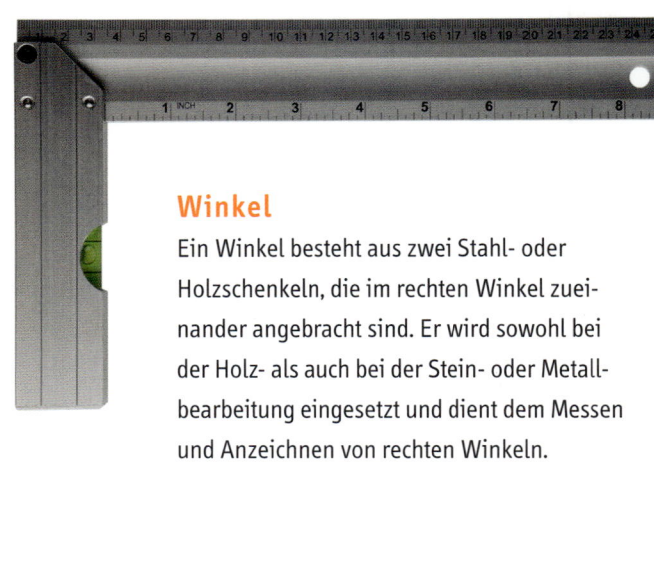

Wasserpumpenzange

Bei der Wasserpumpenzange handelt es sich um eine Allzweck-Greifzange, die über ein verstellbares Gleitgelenk verfügt. Durch dieses Gleitgelenk lässt sich das Maul der Zange unterschiedlich groß einstellen. Das ermöglicht es, Werkstücke mit verschiedenen Formen und Größen zu greifen.

Winkel

Ein Winkel besteht aus zwei Stahl- oder Holzschenkeln, die im rechten Winkel zueinander angebracht sind. Er wird sowohl bei der Holz- als auch bei der Stein- oder Metallbearbeitung eingesetzt und dient dem Messen und Anzeichnen von rechten Winkeln.

Micks Tipp:

Ein Winkel sollte vor dem Kauf oder nach dem Fall auf den Boden auf seine Funktionsfähigkeit überprüft werden.

Dafür legt man den Winkel an die Kante eines Bretts und zeichnet einen Strich entlang der Außen- oder Innenkante des langen Schenkels – so, als wolle man einen Schnitt auf einem Werkstück anzeichnen.

Anschließend dreht man den Winkel an der gleichen Kante um den langen Schenkel einmal um 180°, und zeichnet ebenfalls entlang dem langen Schenkel einen Strich, der seinen Ausgangspunkt am Startpunkt des alten Striches haben sollte. Wenn die Striche übereinanderliegen, ist der Winkel in Ordnung.

Winkelschleifer

Auch der Winkelschleifer zählt zu den handgeführten Schleif-Elektrogeräten. Er kann nicht nur zum Abschleifen großer Flächen oder von Kanten, sondern auch zum Durchtrennen von Materialien genutzt werden.

Zahnspachtel/Zahnkelle

Dieser größere, gezahnte Spachtel wird zum Auftragen von Dünnbettmörtel oder Klebstoff auf großen Flächen benutzt.

Zugeisen

Das Zugeisen kommt beim Verlegen von Laminat, Parkett oder Massivholzböden zum Einsatz. Es dient als Verlegehilfe, um die Paneele auch an schlecht erreichbaren Stellen fugendicht zu verlegen.

Zwinge

Eine Zwinge benötigt man zum Einspannen von Werkstücken. Der Schreiner nutzt die Zwinge für gewöhnlich, um zwei Gegenstände miteinander zu verleimen. Da der Leim einige Zeit benötigt, bis er ausgehärtet ist, werden die beiden Stücke bis dahin mit der Zwinge aneinandergepresst.

Zollstock

Der Zollstock, oder richtigerweise Gliedermaßstab, dürfte jedem von Ihnen schon einmal begegnet sein. Er ist ein Maßstab zum Ermitteln von Längen und sollte in keiner Werkzeugkiste fehlen.

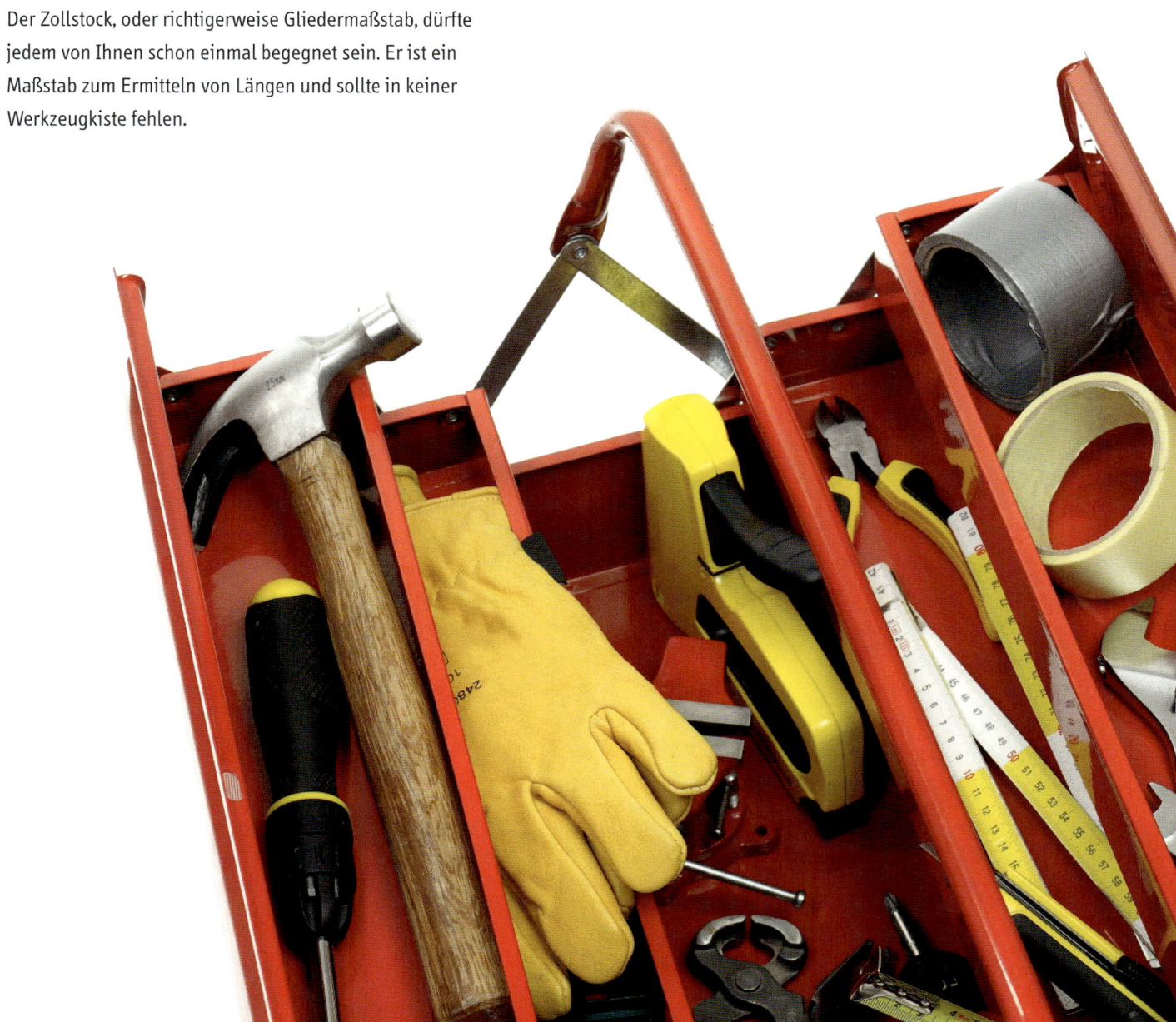

Das kleine Heimwerker ABC

Wie Sie mit Fachausdrücken glänzen!

Sie möchten mit dem Fachmann im Baumarkt oder auf der Baustelle auf Augenhöhe kommunizieren? Wie in jeder Branche, gibt es auch im Handwerk zahlreiche Fachausdrücke und Kurzformen, mit denen jeder Profi vertraut sein sollte. Sie sind zwar (noch) kein Profi, aber manchmal ist es doch auch ganz schön, mit Wissen glänzen zu können.

Abbinden

Abbinden ist eine chemische Reaktion, durch die sich z. B Klebstoff verfestigt. Man kann auch von Aushärten sprechen.

Ablängen

Ein Werkstück, z. B. eine Holzlatte, wird auf eine bestimmte Länge zugeschnitten.

Absperren

Beim Absperren wird eine Flüssigkeit, z. B. Haftgrund, auf neu verputzte Wände oder Flächen aufgetragen. Die Flüssigkeit sorgt dafür, dass Farben oder Kleister später besseren Halt bekommen. Durch das Absperren einer Fläche verhindert man außerdem, dass diese Feuchtigkeit aufnehmen kann.

Anreißen

Früher wurden Markierungen auf Werkstücken mit einer Reißnadel (sehr spitzer Metalldorn) gemacht. Bleistifte waren entweder noch nicht vorhanden, oder aber zu teuer. So erhielt man an Stelle eines Strichs einen Riss – daher der Name.

Auf halben Riss sägen

Man sägt entlang der angerissenen bzw. angezeichneten Markierung genau so, dass nach dem Sägen die Hälfte dieses Strichs oder Risses noch zu erkennen ist. Definitiv etwas für Fortgeschrittene.

Auf Stoß arbeiten

Dieser Ausdruck meint, dass Bahnen, egal ob Holzlatten, Tapetenbahnen oder andere Materialien, direkt Kante an Kante liegend zusammengefügt werden. In diesem Fall gibt es weder Überlappungen noch Freiräume zwischen den Materialien.

Auf Zug bzw. Auf Schub/Stoß

Es gibt Handsägen, die je nach Bedarf mit unterschiedlichen Sägeblättern versehen sind. Diese bestimmen, ob eine Säge ihre Sägewirkung entweder auf Zug oder aber auf Schub/Stoß erreicht. Man erkennt dies an der Ausrichtung der Sägezähne. Hält man die Säge in der Hand und sind die Zähne nach hinten, zum Körper hin ausgerichtet, sägt man mit dieser Säge „auf Zug". Wenn die Sägezähne nach vorne, also vom Körper weg, zeigen, sägt man „auf Schub/Stoß".

Band/Scharnier

Scharniere werden dort eingesetzt, wo Bewegung stattfinden soll. Es handelt sich bei einem Schanier um ein Drehgelenk, welches z. B. Schranktüren am Schrank befestigt und ein Öffnen und Schließen dieser möglich macht. Üblicherweise besteht dieses Drehgelenk aus zwei Teilen, die fest miteinander verbunden das Scharnier ergeben. Dadurch unterscheidet sich ein Scharnier von einem Band. Werkstücke, die durch in der Regel zweiteilige, mitunter aber auch dreiteilige Bänder verbunden sind, lassen sich „aushängen".

Beize/Beizen

Beize wird zur Färbung und nicht zum Schutz von Holz- oder Metalloberflächen verwendet. Dafür wird das Werkstück mit der Beize eingepinselt. Beizen gibt es in unterschiedlichen Farben.

Beschlag

Beschläge sind an verschiedenen Möbeln angebracht und begegnen Ihnen jeden Tag. Unter anderem gehören Schubladen- oder Schrankgriffe, aber auch Türhalterungen, Scharniere oder Türklingen zu den Beschlägen.

Beschneiden

Wenn man großflächig streichen möchte, streicht man zuerst die Kanten und Ecken mit einer kleinen Rolle oder einem Pinsel vor. Erst danach beginnt man mit den großen Flächen. Dieses „Vorstreichen" nennt man Beschneiden. Es hat den Zweck, ein möglichst gleichmäßiges Ergebnis zu erzielen. Und natürlich wäre das Streichen von Ecken und Kanten mit einer großen Rolle auch etwas schwieriger.

Entgraten

Der Begriff „Entgraten" wird hauptsächlich bei der Arbeit mit Metall verwendet. Unter Graten versteht man Kanten oder Splitter, die bei der Bearbeitung am Werkstück entstanden sind. Beim Entgraten werden diese Grate z. B. mit einer Metallfeile entfernt.

Gebinde

Ein Gebinde ist eine Größen- bzw. Handelseinheit. Ein 2,5 l-Lack-Gebinde ist z. B. eine Lackdose mit 2,5 l-Lack-Inhalt.

Gehrung

Unter Gehrung versteht man die Verbindung zweier länglicher Werkteile, z. B. von Bodenleisten, zu einem Winkel. Üblicherweise wird die Gehrung mit einem 45°-Schnitt gesägt, damit zwei Elemente zusammen einen 90°-Winkel ergeben.

Ins Lot bringen

Etwas wird genau senkrecht angebracht oder angehalten.

In Waage bringen

Etwas wird genau waagerecht angebracht oder angehalten.

Kante abfasen

Eine „Kante abfasen" oder auch „anfasen", meint das An-fräsen einer rechtwinkligen Kante um 45°.

Kante brechen

Eine „Kante brechen" meint das Abschleifen von Kanten eines scharfkantigen Werkstücks mithilfe von Schleifpapier, sodass an der Kante eine kleine Rundung entsteht.

Körnen

Durch einen Körner wird ein zu bearbeitendes Werkstück mit einer kleinen Vertiefung, der Körnung, versehen. Dieser Vorgang wird Körnen genannt. Die Körnung dient dem Bohrer als erste Führung, damit er nicht nach dem Einschalten auf Wanderschaft geht und ohne Kontrolle über das Material rutscht.

Körnung

Schleifpapier ist in verschiedenen Körnungen erhältlich. Die Zahl der Körnung ist in der Regel auf der Rückseite des Schleifpapiers angegeben. Je kleiner die Zahl, desto grober bzw. je größer die Zahl, desto feiner die Schleifwirkung.

Längs/auf Breite

Holz wird mit der Maserung gesägt.

Quer/auf Länge

Holz wird quer zur Maserung gesägt, z. B. beim „Ablängen von Latten".

Rapport

Unter Rapport versteht man das Muster eines Materials. Besonders wenn man mit Muster-Tapeten arbeitet, muss auf den Rapport geachtet werden! Aber dazu mehr beim Thema „Tapezieren" (s. S. 56)

Senken/Aufkrausen

Beim Senken wird eine Schraube so weit in ein Werkstück geschraubt, dass der Schraubenkopf bündig mit dem Werkstück abschließt. Um dies möglich zu machen, wird der obere Teil des Bohrlochs mit einem Krauskopf aufgekraust bzw. vergrößert, sodass der Schraubenkopf in dieser Vergröße-rung versinkt.

Vorbohren

Vorbohren bedeutet, dass man in ein Holzwerkstück ein Loch mit einer 0,5 mm geringeren Stärke als der späteren Schrau-be bohrt, bevor man die Schraube anbringt. Vorbohren sollte man z. B. eine Holzlatte oder -platte, wenn man relativ nah an der Außenkante eine Schraube oder einen Nagel befestigen möchte. Das Vorbohren verhindert, dass das Material spleißt oder reißt.

Wässern

Den Begriff „Wässern" verwendet man im Zusammenhang mit der Bearbeitung von Holzflächen und -objekten, z. B. bei Möbeln. Um eine glatte Holzfläche zu erzielen, ist es notwendig, diese abwechselnd zu schleifen und zu wässern. Beim Wässern wird das Werkstück leicht angefeuchtet. Dafür kann man entweder einen feuchten Lappen oder auch eine Blumen- oder Pumpspritze verwenden. Nach dem Wässern muss das Objekt vollständig trocknen. Durch diesen Vorgang stellen sich die Holzfasern auf und die Oberfläche fühlt sich rau an. Nachdem das Objekt trocken ist, wird es abgeschliffen. Diesen Vorgang muss man evtl. mehrfach wiederholen. Aber Vorsicht, der Lappen sollte nicht vor Wasser triefen! Das Wässern einer Holzoberfläche ist besonders vor dem Beizen oder Lasieren wichtig, da man nach dem Auftragen der Beize oder Lasur keinen Zwischenschliff durchführen kann, ohne die Farbe zu beschädigen.

Materialkunde

Manchmal stelle ich mir vor, wie chaotisch und unübersichtlich so ein Baumarkt auf einen Heimwerkerneuling wirken muss. Überall sieht man meterhohe Reihen Töpfe, Kartuschen, Rollen, Pakete und ohne Ende Fachbegriffe und fremde Materialien. Okay, ich kann schon verstehen, dass die eine oder andere Dame, die dieses Buch gerade liest, ihren Tag lieber im Schuhladen verbringt, aber was für den einen die Hölle, ist für den anderen das Paradies. Ich liebe es zu schauen, welche Neuheiten es im Handwerk gibt, und lasse mich gerne von Farben und Mustern inspirieren. Natürlich ist es auch im Baumarkt wieder nicht verkehrt, den einen oder anderen Begriff zu kennen! Ich hoffe, mit meiner kleinen Materialkunde etwas Licht ins Dickicht der Vielfalt an Materialien zu bringen.

Acryl

In der Schule, muss ich ehrlich gestehen, gehörte Chemie absolut NICHT zu meinen Lieblingsfächern. Im Nachhinein betrachtet, bietet die Chemie natürlich eine unglaublich spannende und große Welt an Möglichkeiten. Acryl ist hierfür ein fantastisches Beispiel. Es handelt sich um eine chemische Substanz, die in vielen Bereichen zum Einsatz kommt.

Vielleicht haben Sie ja schon einmal mit Acrylfarben gemalt? Seine Eigenschaften Farbechtheit und schnelles Trocknen machen Acryl für den Heimwerker so wertvoll. In unserem Metier wird Acryl z. B. als Fugenmasse zum Schließen und Dichten von Dehnungsfugen verwendet. (Dehnungsfugen befinden sich z. B. zwischen Fensterrahmen und Wand. Sie schützen vor Rissen, indem sie Druck- oder Zugspannung auffangen.) Acryl kann nach dem Trocknen überstrichen werden, was ein klarer Vorteil gegenüber Silikon ist. Darüber hinaus ist es geruchsneutral. Aber wichtig: Acryl sollte nicht in Nassbereichen eingesetzt werden, es ist nur begrenzt wasserabweisend!

Acryllack

Acryllacke zeichnen sich durch ihre Umweltfreundlichkeit aus. Die enthaltene Menge an Lösemittel ist im Gegensatz zu der von Kunstharzlacken gering. Daher sind Acryllacke geruchsneutraler und sogar mit dem „Blauen Umweltengel" ausgezeichnet. Im Gegensatz zu Kunstharzlack ist Acryllack wasserverdünnbar. Acryllacke gibt es in allen gängigen Farben in Glänzend und Seidenmatt.

Alleskleber

Alleskleber sollte in keinem Haushalt fehlen. Wie der Name schon sagt, können Sie nahezu alle Flächen mit diesem Material verkleben.

Dispersionsfarbe

Dispersionsfarben sind wasserverdünnbare Innenwand- und Fassadenfarben.

Doppelseitiges Klebeband

Doppelseitiges Klebeband kann bei vielen Gelegenheiten eingesetzt werden und ist daher eine äußerst praktische Erfindung. Im Bereich des Heimwerkens kommt es klassischerweise beim Teppichverlegen zum Einsatz.

Elefantenhaut

Elefantenhaut ist ein flüssiger, farbloser Tapetenschutz. Durch das Auftragen von Elefantenhaut erhält man einen glänzenden Schutzfilm, der Verfärbungen, z. B. durch Nikotin, vermeiden kann. Je nachdem, wie oft und in welchem Mischungsverhältnis Elefantenhaut aufgetragen wird, erreicht man unterschiedliche Glanzgrade.

Haftgrund

siehe Tiefengrund

Kontaktkleber

Kontaktkleber wird in erster Linie bei Flächenklebungen genutzt. Er ist vielseitig einsetzbar und kann sowohl auf Holz als auch auf Papier, Gummi oder Kunststoff seine Klebewirkung entfalten. Der Kleber wird auf beide miteinander zu verklebenden Flächen aufgetragen.

Nach einer Trocknungszeit können die beiden Werkstücke miteinander verklebt werden. Vorsicht: Ein Korrigieren der zu verklebenden Flächen ist nach dem ersten Kontakt schwer oder überhaupt nicht mehr möglich!

Kunstharzlack

Kunstharzlack, auch Alkydharzlack genannt, verfügt über eine hohe Deckkraft und ist leicht zu verarbeiten. Dank seines guten Verlaufs werden Oberflächen sehr gleichmäßig. Darüber hinaus ist Kunstharzlack sehr strapazierfähig und kann besonders gut überall dort eingesetzt werden, wo der Lack stark belastet wird. Kunstharzlacke gibt es in allen gängigen Farben in Hochglänzend und Seidenmatt.

Lasuren

Mit einer Lasur können Sie Wände lebendig gestalten. Sie reagiert auf jedes Licht anders und hat somit eine interessante Farbwirkung. Lasuren werden meist auf eine Grundierung aufgetragen. Da sie nur langsam trocknen, kann man mit Pinsel, Rolle oder Schwamm interessante Muster erzeugen.

Latexfarben

Latexfarben gehören zu den stark deckenden und glanzstabilen Farben. Sie bieten den Vorteil, dass sie nicht gilben und reinigungsfähig, also beständig gegen Feuchtigkeit, sind. Latexfarben lassen sich dafür leider nur mit Latexfarben überstreichen. Daher sollten Sie in einer Mietwohnung lieber darauf verzichten.

Malerband

Malerband wird zum Abkleben von Wänden, Leisten und anderen schutzbedürftigen Materialien vor dem Streichen verwendet.

Multiplex-Platten

Diese für standfeste Konstruktionen besonders geeigneten Platten bestehen je nach Stärke (Dicke) aus unterschiedlich vielen, mit wasserfestem Leim verklebten Buchen- oder Birkenholzschichten. Die einzelnen Schichten, welche immer im Wechsel quer und längs verleimt sind, ergeben ein interessantes Kantenbild.

Nasskleber

Nasskleber wird einseitig aufgetragen. Das bedeutet, dass nur eines der beiden zu verklebenden Teile mit ihm eingestrichen wird. Im Gegensatz zu Kontaktkleber, kann man bei Nasskleber die beiden Teile ohne vorherige Trocknungszeit verbinden. Da es etwas dauert, bis der Kleber ausgehärtet ist, müssen die beiden Materialien währenddessen aneinander fixiert werden.

OSB-Platten

OSB ist eine Abkürzung und bedeutet: „Oriented Strand Board", was soviel heißt wie: „Platte aus ausgerichteten Spänen". Die OSB-Holzplatte besteht aus vielen großen, verleimten Holzspänen. Man bezeichnet sie auch als Grobspanplatte.

Im Gegensatz zur herkömmlichen Spanplatte erhält die OSB-Platte durch ihre miteinander verleimten Späne eine sehr hohe Biegefestigkeit. Mittlerweile werden diese Platten nicht nur als Werkstoff für Konstruktionen im Innenausbau oder Möbelbau verwendet, sondern vom Fachhandel auch fertig eingefärbt und versiegelt als Holzboden angeboten.

Schmelz- bzw. Heißklebstoff

Heißklebstoff wird mithilfe einer Heißklebepistole erhitzt und angebracht. Er erhärtet beim Abkühlen und kann für verschiedene Materialien genutzt werden.

Silikon

Genau wie Acryl ist Silikon eine Fugenmasse, die zum Abdichten von Fugen genutzt wird. Silikon kommt besonders im Nassbereich, wie dem Badezimmer, zum Einsatz, da es wasserabweisend, sehr elastisch und stark haftend ist. Silikon verhindert, dass Feuchtigkeit in kleine Risse läuft und dort später zu Schimmel führt.

Sperrholz

Sperrholz ist im Vergleich zu anderen Holzplatten ein sehr leichter Holzwerkstoff. Da Sperrholzplatten nicht formstabil sind, sollte man sie nicht als Konstruktionsplatten verarbeiten. Man verwendet sie häufig als Schrankrückwand, Schubkastenboden oder zum Basteln.

Spiegelkleber

Spiegelkleber wird zur Montage von Spiegeln, Glas, Metall oder Kunststoff auf verschiedensten Untergründen verwendet. Auch beim Verfugen von Acrylglas kommt er zum Einsatz.

Tiefengrund

Stark saugende Untergründe, wie z. B. Gipskartonplatten oder frisch verputzte Wände, werden mit einem meist farblosen Tiefengrund vorbehandelt. Der Tiefengrund dichtet bzw. verfestigt diese Untergründe. Erst nachdem dieser mit einer Rolle, einem Quast oder einer Sprühpumpe aufgetragen wurde, beginnt man mit der jeweiligen Wandgestaltung (Streichen oder Tapezieren).

Tipps und Tricks zur Sicherheit

Ein Thema, das mir besonders am Herzen liegt, ist die Sicherheit. ich möchte nicht, dass Sie dieses Buch durchlesen und beginnen, sich der einen oder anderen Heimwerkerherausforderung anzunehmen, und am Ende ein blaues Auge davontragen. Und wie bei so vielen Dingen im Leben ist besonders bei der Arbeit mit schweren, spitzen oder scharfen Gegenständen Vorsicht immer besser als Nachsicht. Leider wird das Thema Sicherheit oft vernachlässigt und es entstehen Verletzungen, die nicht nötig gewesen wären. Ich spreche da aus Erfahrung! Also Helm auf, Handschuhe an und folgen Sie mir in das Reich der Tipps zur Sicherheit.

Der Rauchmelder

Zu Beginn etwas, das zwar nicht direkt zur Sicherheit beim Heimwerken beiträgt, aber trotzdem sehr wichtig ist. Meiner Meinung nach sollte ein Rauchmelder in jedem Zimmer eingebaut werden. Rauchmelder sind nicht besonders teuer, das Design ist unauffällig und das Wichtigste: Sie retten Leben. Leider werden sie gerne vergessen. Besonders im Schlaf bemerken wir Rauchbildung verzögert und wachen erst auf, wenn es bereits zu spät ist – oder gar nicht! Daher ist ein Rauchmelder eine lohnende Investition. Eingebaut werden die Geräte möglichst zentral in Ihren Wohnräumen.

Strom

Prinzipiell sollten Sie bei allen Arbeiten auf ein Abschalten der Stromzufuhr achten! Schalten Sie am besten die Sicherung für das Zimmer, in dem Sie montieren, am Sicherungskasten aus, damit die Stromzufuhr gestoppt wird. Wenn Sie aus Versehen in eine Stromleitung bohren, kann das zu schlimmen Verletzungen führen.

Der gute Menschenverstand

Der beste Schutz gegen Verletzungen sind und bleiben der gute Menschenverstand, Zeit, Entspannung und die genaue, kontrollierte Ausführung einer Tätigkeit. Maschinen sollten vor ihrem Einsatz geprüft und regelmäßig gewartet werden. Wenn Sie auf eine Leiter steigen, prüfen Sie zuerst den sicheren Stand der Leiter, und wenn Sie an einem Werkstück arbeiten, fixieren Sie dieses vernünftig. Ganz besonders wichtig und oft unterschätzt: Fragen stellen! Wenn Sie sich bei der Handhabung einer Maschine nicht 100 Prozent sicher sind, fragen Sie lieber nach, wenn es sein muss, auch zweimal.

Schutzkleidung

Üblicherweise setzt sich die Arbeitsschutzkleidung aus Gehör-, Sicht- und Atemschutz zusammen. Alle Komponenten erhalten Sie, auch als Set, in jedem Baumarkt. Natürlich benötigt man für „fortgeschrittene" Aufgabenstellungen, wie z. B. das Schweißen, speziellere Schutzkleidung. Beginnen wir mit den Basics:

Der Sicherheitsschuh

Jetzt werden sich die Damen unter Ihnen freuen: Es geht um Schuhe, und Sie dürfen guten Gewissens ordentlich Geld in die Hände nehmen, ohne dass der Freund, Vater, Mann oder Lebensgefährte etwas dagegen sagen kann! Es geht schließlich um Ihre Sicherheit. Anders als beim Highheel kommt es bei Sicherheitsschuhen mehr auf die Praktikabilität als das Aussehen an. Wer schon einmal etwas Zeit im Gartenbau oder der Industrie verbracht hat, hat diese Schuhe auf jeden Fall schon einmal gesehen. Es gibt sie in verschiedenen Farben und Varianten, ob zum Schnüren oder als Stiefel. Nur eines haben sie gemeinsam: Sie sind sehr robust und vorne an den Zehen mit einer Stahlkappe verstärkt. Sollte Ihnen ein Holzbalken auf den Fuß fallen, ist es doch ganz gut zu wissen, dass danach alle Zehen noch so aussehen wie vorher.

Die Schutzbrille

Ich persönlich finde, dass die Schutzbrille eines der wichtigsten Schutzinstrumente ist. Leider verzichten viele Handwerker auf diesen elementaren Schutz. Besonders bei Arbeiten, bei denen Splitter oder Feinstaub entstehen können, sollte auf keinen Fall auf sie verzichtet werden. Beim Sägen, Schleifen oder Entfernen alter Fliesen kann es schnell zu Splittern und somit Verletzungen an den Augen kommen. Natürlich ist auch bei ätzender Flüssigkeit immer mit einer Schutzbrille zu arbeiten! Schon ein Tropfen im Auge kann Ihre Sehkraft nachhaltig schädigen.

Der Gehörschutz

Haben Sie schon einmal das Geräusch einer Kreissäge gehört? Dann wissen Sie, warum man auf Baustellen besser einen Ohrschutz trägt. So ein Gerät kann einen Lärmpegel von bis zu 100 Dezibel dB (A) entwickeln. Zum Vergleich: Ein Flugzeugmotor in 3 m Entfernung entwickelt ca. 120 Dezibel dB (A). Und daneben würden Sie vermutlich auch nicht unbedingt stehen wollen. Ab ca. 85 Dezibel dB (A) sollte man auf einen Gehörschutz zurückgreifen. Bei seltenem Gebrauch reichen auch Ohrstöpsel aus Wachs, Silikon oder Kunststoff aus.

Der Atemschutz

Es gibt viele verschiedene Atemschutzmöglichkeiten, doch für kleine Heimwerkerherausforderungen reicht die Standardversion aus dem Baumarkt oder Fachhandel. Eine Atemmaske sollten Sie immer dann tragen, wenn Sie mit Feinstaub oder sehr feinen Splittern arbeiten. Dies gilt z. B. beim Abschlagen von Fliesen, da es hier zu einer starken Staubbildung kommt, genauso für die Arbeit mit Glaswolle oder anderen Dämmmaterialien. Auch beim Schleifen können sehr feine Splitter entstehen, die eine Atemmaske nötig machen.

Die Schutzhandschuhe

Prinzipiell ist es sinnvoll, bei Arbeiten, die keine Feinmotorik erfordern, Schutzhandschuhe zu tragen. Diese schützen vor Holz-, Keramik- oder Metallsplittern. Ein gutes Beispiel ist das Schleifen, auf das ich später noch einmal zurückkomme. Stellen Sie sich einmal vor, Sie würden beim Abschleifen eines Holzbrettes abrutschen und mit Ihrer Hand gegen ein sehr grob gekörntes Schmirgelpapier rutschen: Kein besonders schönes Gefühl, oder? Aber wichtig: Bei Aufgaben, die Feinmotorik erfordern, wie z. B. dem Arbeiten mit der Bohrmaschine oder der Handkreissäge, ist der Gebrauch von Handschuhen nicht zu empfehlen. Wenn sich das Material in der rotierenden Bewegung der Maschinen verfängt, hat man wenig zu lachen.

Sendung
Sicherer Umgang
mit Werkzeug

Technikeinführung

Richtig schrauben oder doch lieber nageln? Die Frage, ob man noch mit Hammer und Nagel arbeiten kann oder schon den Akkuschrauber in die Hand nehmen muss, ist mir in meiner Karriere schon von vielen Laien gestellt worden. Eine pauschale Antwort kann ich darauf leider nicht geben.

Stellen Sie sich vor, Sie würden gefragt, welche Schuhe besser sind: Highheels oder Wanderschuhe. Ihre Antwort wäre immer von der Situation abhängig: Einen 1.000 m-Berg würden Sie sicher nicht mit hohen Schuhen besteigen wollen, aber auf einem roten Teppich würden Wanderschuhe auch etwas deplatziert wirken.

Genauso verhält es sich mit Nagel und Schraube. Für ein kleines, leichtes Leinwandbild wäre eine Dübel-Schrauben-Verbindung zur Aufhängung wohl etwas übertrieben, aber wenn Sie über Ihrem Stammplatz auf dem Sofa einen Kandinsky mit schwerem Rahmen aufhängen wollen, sind Schrauben angebracht. Um Ihnen das Thema „Schrauben oder Nageln" näherzubringen, habe ich einige Faustregeln und Beispiele für Sie zusammengetragen.

Der Nagel im Einsatz

Wann wird genagelt? Wie schon erwähnt, kann man mit gutem Gewissen zu Hammer und Nagel greifen, wenn man leichte Bilder oder Rahmen unkompliziert aufhängen möchte. Stellen Sie sich einfach die Frage, ob Sie selber verletzt würden oder das Bild kaputtgehen würde, wenn es herunterfiele.

Prüfen Sie in jedem Fall, ob der Nagel gut in der Wand bzw. dem Werkstück sitzt! Mit einem wackeligen Nagel brauchen Sie gar nicht erst arbeiten. Ich persönlich arbeite eigentlich nur dann mit Hammer und Nagel, wenn ich ein Material an einem Werkstück fixieren möchte, um beides dann fachgerecht miteinander zu verschrauben.

Insbesondere bei tragenden Konstruktionen sollte man auf Hammer und Nagel verzichten und auf einen Akkuschrauber zurückgreifen. Es gilt: Eine Nagelverbindung kann niemals so gut halten wie eine Schraubenverbindung.

Die Schraube im Einsatz

Wann wird geschraubt? Ein Handwerker im Innenausbau
arbeitet eigentlich kaum mit Nägeln. Ich kann natürlich
verstehen, dass es unkomplizierter und schneller ist, einen
Nagel in die Wand zu hauen, anstatt ein Loch zu bohren und
fachmännisch mit Dübel und Schraube zu arbeiten. Doch
obwohl es auf den ersten Blick kompliziert aussieht und man
als Anfänger vermutlich erstmal einen kleinen Schreck
bekommt, wenn man im Baumarkt die unzähligen Dübel und
Schrauben entdeckt, ist Bohren und Schrauben gar nicht so
schwer.

Micks Tipp:

Bei kleinen Nägeln ist es manchmal schwierig, diese mit den
Fingern festzuhalten. Es
gibt einen kleinen Trick:
Stecken Sie den Nagel
durch ein dickeres Papier
oder durch Pappe und
halten Sie das Papier oder
die Pappe fest. So müssen
Sie den Nagel nicht in der
Hand halten und haben
genug Platz zum Hämmern. Und Sie können den
Nagel exakt an die Stelle halten, an der Sie ihn
einschlagen möchten.

Schrauben

Bevor es an die Anwendung geht, hier zuerst einmal ein paar allgemeine Informationen zu Schrauben.

Schraubenlänge

Eine kleine Faustregel: Wenn man ein Material auf ein Werkstück schrauben will, sollte die Schraube, die man durch das anzuschraubende Material schraubt, doppelt so lang sein, wie das Material dick ist. Es muss also danach noch die Hälfte der Schraube aus dem anzuschraubenden Material herausschauen. Voraussetzung ist natürlich, dass das Werkstück, auf das geschraubt wird, dick genug ist.

Auf jeden Fall sollten Sie immer das dünnere Material an das dickere schrauben. Und je schwerer ein zu verschraubendes Material ist, umso dicker und länger sollte die Schraube sein.

Wie wird die **Schraubenbreite und -länge** bezeichnet? Die Angabe 3,5 x 40 bedeutet, dass die Schraube einen Durchmesser von 3,5 mm hat und 40 mm lang ist.

Unterlegscheibe

Eine Unterlegscheibe wird unter einem Schraubenkopf bzw. einer Mutter angebracht und befindet sich später zwischen dem Werkstück und dem Schraubenkopf bzw. der Mutter. Sie bewirkt, dass die Vorspannkraft des Schraubenkopfes auf eine größere Fläche verteilt wird. Eine Unterlegscheibe wird also benutzt, um zu verhindern, dass der Schraubenkopf z. B. im Holz verschwindet. Wenn man mit besonders weichem Holz arbeitet, passiert das leider schnell. Benutzt man eine Unterlegscheibe, hat man mehr Auflagefläche und erreicht dadurch eine höhere Festigkeit, außerdem wird eine Verkratzen des Materials vermieden.

Schraubenarten

Holzschraube	Eine normale Holzschraube erkennt man daran, dass sie sich nach unten zur Spitze hin verjüngt und das Gewinde nicht bis zum Schraubenkopf geht. Einfacher zu verarbeiten, da ein Vorbohren wie bei einer normalen Holzschraube nicht notwendig ist, sind spezielle Spanplattenschrauben, auch Spax-Schrauben genannt. Diese können, da sie ein selbstschneidendes, bis zum Schraubenkopf durchgehendes Gewinde haben, direkt ins Holz geschraubt werden.
Metallschraube	Metallschrauben wurden für das mit Metall arbeitende Gewerbe entwickelt und kommen dort auch hauptsächlich zum Einsatz. Metallschrauben sind meistens zylindrisch und werden, um eine Verbindung herzustellen, in der Regel in eine Mutter (Gegenstück mit Innengewinde) geschraubt.
Schnellbauschraube	Im Trockenbau, d.h. bei Arbeiten mit Gipskartonplatten, die auf ein Ständerwerk verschraubt werden, werden spezielle Schnellbauschrauben verwendet. Sie sind schwarz und haben eine Phosphatschicht (Korrosionsschutz). Diese verhindert ein Verfärben des Putzes bzw. Gipses, mit dem der Schraubenkopf abgespachtelt wird. Für die Montage auf Holzkonstruktionen verarbeitet man Schnellbauschrauben mit Grobgewinde. Mit einem blechtreibenden Feingewinde werden Materialien auf Stahlblechen bis ca. 0,7 mm Dicke montiert. Schnellbauschrauben, die mit einer Bohrspitze versehen sind, können ohne Vorbohren in ein Ständerwerk aus Alu-Profilen verschraubt werden.

Schraubenköpfe und Formelemente

Innensechskant	Schrauben mit dem Formelement „Sechskanten" sind das Gegenstück zum Inbusschlüssel (siehe Seite 12).
Kreuzschlitzkopf(schraube)	Erweiterung des Schlitzkopfs einer Schraube zum Kreuzschlitzkopf.
Linsenkopf	Der nach oben gewölbte Kopf verhindert, dass die Schraube in das Holz versenkt wird. Es handelt sich hierbei um Zierschrauben, die man für sichtbare Schraubverbindungen, z. B. für Fußleisten, verwendet.
Schlitzkopf(schraube)	Der Schlitzkopf war das Ursprungs-Formelement der Schraube.
Schlüsselschraube	Die Schlüsselschraube wird mit einem Maul- oder Ringschlüssel angezogen. Diese Schrauben werden verwendet, wenn man etwas sehr stark verbinden möchte, beispielsweise tragende Konstruktionen wie Dachbalken. Bei diesen Schrauben kann mit viel Kraftübertragung gearbeitet werden.
Senkkopf	Senkkopfschrauben sind die gängigsten und bekanntesten Schrauben. Man benutzt sie, um bündige Abschlüsse mit der Werkstoffoberfläche zu erzielen.
Sternkopf	Bei dem Sternkopf handelt es sich um eine Erweiterung des Kreuzschlitzes. Dieses Formelement ermöglicht ein selteneres „Wegrutschen" als der Kreuzschlitz. Darüber hinaus soll diese Form eine höhere Drehkraftübertragung bewirken und dadurch ein leichteres Schrauben möglich machen.

Sendung
Handwerkertipps zu
Bohren, Dübeln,
Schrauben

Bohren

Wenn Sie nicht nur Holzelementen durch Schrauben miteinander verbinden wollen, sondern z. B. ein Bild an der Wand aufhängen möchten, ist es notwendig, vorher ein Loch zu bohren und dieses mit einem Dübel und später der Schraube zu versehen.

Für einen Laien sehen alle Bohrer zuerst einmal gleich aus. Trotzdem gibt es in Qualität und Anwendung sehr große Unterschiede. Mit einem Holzbohrer werden Sie z. B. in einer Steinmauer nicht weit kommen. Nutzt man das falsche Werkzeug, kann es schnell stumpf werden und kaputtgehen. Mal ganz davon abgesehen, dass das Loch nicht den Anforderungen entspricht, die das jeweilige Material verlangt.

Holzbohrer

Holzbohrer werden, wie der Name schon sagt, für Arbeiten an Holzwerkstücken benutzt. Man erkennt diese Bohrer an einer kleinen Zentrierspitze. Die spiralförmige Schneide bzw. Wendel ist bei Holzbohrern tief genutet, damit die Holzsplitter bequem aus dem Loch abgetragen werden können.

Metall- und Kunststoffbohrer

Genau wie Holzbohrer bohren auch Metall- und Kunststoffbohrer durch die Drehbewegung des Bohrers. Ein Loch kann daher nur gebohrt werden, wenn die Bohrspitze, die das Loch schneidet, ausreichend scharf ist. Metall- und Kunststoffbohrer verfügen über eine spitz zulaufende Wendelung und eine kegelförmige Schneide.

Steinbohrer

Steinbohrer verfügen an ihrer Spitze über ein kleines, seitlich überstehendes Metallplättchen. Dieses Plättchen besteht aus besonders gehärtetem Stahl und ist daher extrem belastbar. Genau wie andere Bohrer arbeiten Steinbohrer bei weichen Steinen mit einer schneidenden Drehbewegung. Nur wenn der Stein härter und kompakter ist, wird das Material mit einer Schlagbewegung zertrümmert. Daher haben Schlagbohrer eine schlagfeste, gehärtete Spitze anstatt einer scharfen Schneide.

> **!** Wichtig: Prinzipiell ist es nicht empfehlenswert, in unmittelbarer Nähe einer Steckdose oder eines Lichtschalters zu bohren. Bei Steckdosen, die sich im Bodenbereich befinden, sollte man weder links noch rechts davon bohren, da hier für gewöhnlich die Stromkabel verlegt wurden. Im Zweifelsfall sollten Sie ein Prüfgerät zur Hand nehmen.

Bohrer im Einsatz

Zuerst müssen Sie die Beschaffenheit der Wand feststellen. Klopfen Sie dafür die Stelle, an der Sie bohren möchten, sorgfältig ab. Klingt es hohl oder dumpf? Man erkennt sofort den Klangunterschied von festen Wänden und Hohlräumen. Der Ton wird bei Hohlräumen tiefer. Hier sollten Sie nicht bohren! Der Putz ist locker oder ein Hohlraum versteckt sich hinter der Tapete und hält mit sehr großer Wahrscheinlichkeit eine unschöne Überraschung bereit.

Wenn Sie alles überprüft haben, wählen Sie den Steinbohrer entsprechend der Dübelgröße: Ein 6er Dübel entspricht einem 6er Bohrer.

Ich stelle die Bohrmaschine immer erst auf normale Bohrfunktion (nicht Schlagbohrfunktion) und setze an der entsprechenden Stelle an, bohre dann langsam die Wand an und schaue, was passiert.

Micks Tipp:

Ist das Loch nur geringfügig zu groß geworden und wackelt der Dübel ein wenig, kann man sich mit Streichhölzern aushelfen. Positionieren Sie diese um den Dübel herum und schlagen Sie sie mit einem Hammer vorsichtig in die Wand.

Eine andere Möglichkeit ist das Auffüllen des kleinen Hohlraums mit Heißkleber oder aber Silikon bzw. Acryl. Seit einiger Zeit gibt es im Handel auch Vliesgewebe, welches mit Spezialharz gestärkt ist. Dieses wickeln Sie um den Dübel und dann stecken Sie den Dübel in seinem neuen Kostüm in das Loch. Wenn das Harz nach wenigen Minuten ausgehärtet ist, ist der Dübel voll belastbar.

! Hinweis: Beim Bohren muss man immer darauf achten, dass der Bohrer gerade in die Wand bohrt! Gehen Sie dafür einen halben Schritt zurück und schauen Sie von der Seite auf den Bohrer.

Sind die Wände weich, kann man ohne Schlagbohrfunktion weiterbohren. Wenn man jetzt den Schlagbohrer einstellt, kann es passieren, dass der Bohrer direkt in das Loch rutscht, und man anstatt einem 6er Loch ein 10er Loch in der Wand hinterlässt. Ist die Wand jedoch fest, stelle ich um auf Schlagbohrfunktion.

Bohrloch zu groß

Trotz richtiger Arbeit kann es passieren, dass das Bohrloch etwas zu groß ausfällt. Wenn man Glück hat, kann man einfach einen größerern Dübel verwenden. Dies ist leider nicht oft der Fall. Eine Lösung des Problems bieten unter anderem sogenannte Flüssigdübel. Dies sind zwei verschiedene Komponenten, die beim Herauspressen aus der Verpackung im Loch härten. Die Handhabung ist vergleichbar mit Acryl oder Silikon. Drücken Sie einfach so viel Paste in das Loch, bis es ausgefüllt ist. Stecken Sie einen Dübel mit Schraube, die so weit eingeschraubt ist, dass sie Führung hat, in den Flüssigdübel. Durch die Schraube können Sie die Verbindung perfekt positionieren. Aushärten lassen. Erst wenn der Flüssigdübel getrocknet ist, drehen Sie die Schraube tiefer ein.

Micks Tipp:

Halten Sie einen laufenden Staubsauger unter den Bohrer. Dieser saugt den größten Teil des Staubes direkt ein. Haben Sie keinen Staubsauger zur Hand, halten Sie ersatzweise ein Kehrblech darunter. Dies spart Arbeit beim späteren Putzen. Ich kann davon mehrere Lieder singen ... denn ob Sie es glauben oder nicht, das Entfernen von Feinstaub gehört auf jeden Fall nicht zu meinen Lieblingsbeschäftigungen.

Dübel

Wenn Sie im Baumarkt durch die Dübel- und Schraubenabteilung gehen, werden Sie sehen, wie viele verschiedene Arten von Dübeln es gibt. Lassen Sie sich nicht verunsichern, nach diesem Abschnitt wissen Sie, wann welcher Dübel der richtige ist.

Was ist ein Dübel? Ein Dübel ist ein unterstützendes Element, das zum Einsatz kommt, wenn eine Schraube nicht direkt in einen Werkstoff geschraubt werden kann. Eine Holzschraube lässt sich ohne Probleme in Holz schrauben und ist dort fest verankert. Hier wird kein Dübel benötigt. Anders sieht es bei einer Wand aus. Man kann die Schraube nicht direkt in eine Steinwand drehen. Sie hätte dort keinen Halt. Diesen Halt gibt ihr der Dübel. Dieser wird in das vorher gebohrte Loch als Zwischenteil eingesetzt. Für die unterschiedlichen Anwendungen gibt es viele verschiedene Dübel. Wie man so schön sagt: „Für jedes Töpfchen gibt es ein Deckelchen".

Holzdübel

Holzdübel werden insbesondere bei Möbeln verwendet, um Elemente unsichtbar (verdeckt) oder sichtbar (offen) miteinander zu verbinden. Holzdübel sind kleine Holzstifte mit abgerundeten Ecken. Sie haben sie sicherlich ebenfalls schon einmal beim Aufbau eines Schrankes verwendet.

Holzdübel sind neben Nägeln und Schrauben eine einfache Verbindung, für die Sie keine Fachkenntnisse brauchen. Ungeübte Heimwerker werden dabei aber mit einer Schwierigkeit konfrontiert: Damit die Verbindungen später exakt passen, müssen alle Dübellöcher absolut präzise gebohrt werden. Deshalb gibt es im Baumarkt oder Fachhandel unter-

schiedliche Dübelhilfen, wie z. B. Führungshülsen oder Dübelschablonen.

Aber eins nach dem anderen. Zunächst einmal sollten Sie wissen: Es gibt **offene und verdeckte Dübelverbindungen**. Bei der verdeckten Dübelverbindung sieht man die Dübel später nicht mehr, bei der offenen schon. Zu welchem Dübel gegriffen wird, hat auch gestalterische Gründe, z. B. wenn sich die Dübel farblich von der Oberfläche des Materials absetzen sollen, um dem Möbelstück eine individuelle Note zu verleihen.

Verdeckte Dübelverbindung

So weit so gut. Beginnen wir mit der verdeckten Dübelverbindung: Bevor Sie loslegen, müssen Sie zuerst einmal wissen, wie dick und lang die Holzdübel sein sollen, mit denen Sie die gewünschte Verbindung herstellen möchten. Dazu gibt's eine einfache Faustregel: Der Durchmesser der Dübel sollte etwa ein Drittel der Materialstärke ausmachen. Die Länge orientiert sich ebenfalls an der Plattenstärke. Hier gilt: Der Dübel muss doppelt so lang sein, wie die Platte stark ist.

Dübelstärke

Es gibt Dübel in Stärken von 5 mm bis 25 mm. Die am Häufigsten verwendeten Dübel haben einen Durchmesser von 6 mm bis 12 mm und sind entweder glatt oder geriffelt. Vorteil der geriffelten Dübel: Der Leim lässt sich gleichmäßiger auftragen, und wenn es mal zu viel des Guten war, kann der überschüssige Leim besser ausfließen.

Wenn Sie eine individuelle Dübellänge brauchen: kein Problem! Im Baumarkt gibt's auch Stangen zu kaufen (80–100 cm lang), die Sie mit einer fein gezahnten Säge zuschneiden können, in der Sie sie benötigen.

Dübel im Einsatz

Und dann kann's auch schon losgehen. Egal, ob Flächen-, Eck- oder T-Verbindung, der erste Schritt ist: Die Dübellöcher mit einem Bleistift markieren. Wichtig: Halten Sie dabei einen Abstand von ungefähr 10 bis 15 cm zwischen den Löchern ein.

So, und nun muss die Position der Dübellöcher ja haargenau mit der der Dübellöcher am Gegenstück übereinstimmen! Klingt vielleicht erstmal kniffelig, aber zum Glück gibt's Hilfsmittel, wie z. B. sogenannte **Metallkörner**. Sie bekommen sie passend zum jeweiligen Durchmesser der Holzdübel. Die Metallkörner kommen in die bereits gebohrten Löcher, und das Verbindungsstück wird so, wie es später fixiert werden soll, drangehalten. Mit den Spitzen markieren Sie die Stellen, an denen Sie die Löcher für das Gegenstück bohren müssen.

> **!** *Hinweis: Wie viel ein Dübel an Gewicht tragen kann und welche Größe die richtige ist, finden Sie auf der Verpackung.*

Sendung
Tipps zur Handhabung mit Dübeln

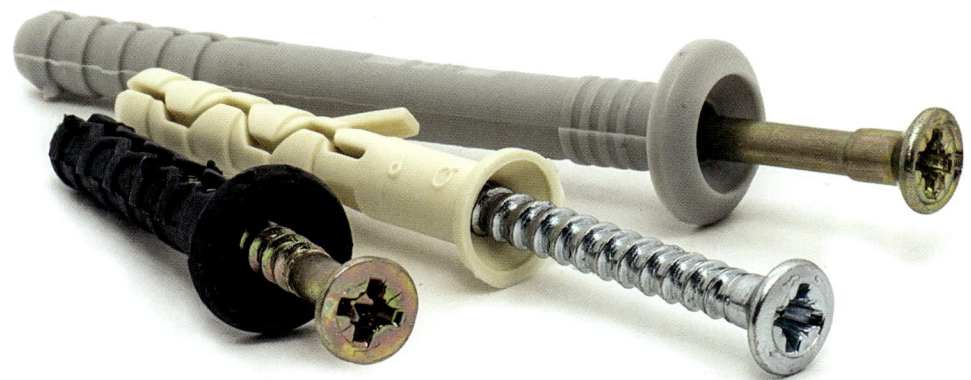

Liegen gerade mal keine Metallkörner parat, gibt's eine Alternative: **Greifen Sie stattdessen zu einem Nagel**! Auch hier zeichnen Sie erst die Löcher für die Dübel an, dann schlagen Sie einen dünnen Nagel mittig und etwa 0,5–1 cm tief in das eine Verbindungsstück. Das Kopfende des Nagels knipsen Sie dann mit einer Kneifzange ab, sodass oben noch etwa 3 mm stehen bleiben. Danach nehmen Sie das Gegenstück und positionieren es so, wie Sie es brauchen (ganz egal, ob Flächen-, T- oder Eckverbindung). Drücken Sie beide Werkstücke zusammen, am besten helfen Sie einfach mit einem kleinen Schlag mit der Faust nach. Auf beiden Stücken gibt es jetzt dank Nagel eine Markierung. Deutlicher wird diese, wenn Sie sie mit Bleistift hervorheben. Den Nagel ziehen Sie danach einfach wieder heraus. Sie brauchen ihn jetzt nicht mehr.

Danach können Sie den Holzbohrer mit einer Zentrierspitze im das gekörnten Loch ansetzen. Der Bohrer sollte dem Durchmesser des Dübels entsprechen und einen **Tiefenbegrenzer** haben, damit die Löcher alle gleich tief werden. Wenn Sie später zusätzlich leimen wollen, achten Sie darauf, dass Sie die Dübellöcher etwas tiefer als die Dübel bohren, ca. 3–4 mm.

Der schwierigste Part ist allerdings: senkrecht bohren, und zwar absolut gerade! Vertut man sich hier nur um 1–2 mm, gelingt die Verbindung nicht mehr, wie gewünscht. Hilfreich sind deshalb – gerade für Handwerkerneulinge –

spezielle Dübelleisten und Führungshülsen, die man im Baumarkt bekommt. Damit wird der Bohrer so geführt, dass Sie die Löcher präzise bohren können.

Für diejenigen, die viel mit Holzdübeln arbeiten, kann auch die **Dübelschablone** ein hilfreiches Werkzeug sein. Die Schablone wird jeweils so eingestellt, dass die Verbindungsstücke exakt mit den Holzdübeln verbunden werden können.

Offene Verbindung

Wer eine T- oder Eck-Verbindung mit sichtbaren Dübeln anfertigen möchte, kann sich das Markieren der Platte und der Gegenplatte sparen. Die Bauteile werden wie gewünscht ausgerichtet und dann mit Zwingen fixiert, damit nichts wegrutscht. Danach bohren Sie einfach mit der Bohrmaschine von oben gerade durch die Platten. Dann setzen Sie die Dübel ein. Wichtig: Achten Sie auf jeden Fall auf die richtige Länge des Dübels! Kleine überstehende Reste kann man allerdings problemlos wegschleifen.

herkömmliche Spreizdübel findet hier keinen Halt. Eine besondere Art der Hohlraumdübel ist der sogenannte Kippdübel.
Dies sind Hohlraumdübel mit einem Klappmechanismus. Sie
sind besonders stabil und schwächen die Wand nicht.

Kippdübelsysteme arbeiten nach folgendem Prinzip: Sie
haben eine Art Schirm, genannt Befestigungsankerflügel, der
sich im Hohlraum aufspannt.

Bevor Sie den Kippdübel einsetzen, prüfen Sie die Wand und
bohren Sie, wie bereits erklärt, ein Loch. Hierbei müssen Sie
darauf achten, dass Kippdübel meistens etwas größere Löcher
benötigen, damit der Anker durch das Loch hindurch passt.
Beachten Sie daher die Erklärung auf der Verpackung. Es wird
meist ein 10er oder 12er Bohrer verwendet. Sollten Sie eine
Gipskarton- oder Holzplatte vor sich haben, können Sie mit
einem klassischen Holzbohrer arbeiten.

Das Bohrloch muss sorgfältig gereinigt werden, bevor der
Dübel eingesetzt wird. Beim **Einführen des Dübels** in das
Loch müssen Sie darauf achten, dass der Anker eng an der
Gewindestange liegt und sich nicht aus Versehen beim Ein-
schieben zu früh im Bohrloch verankert. Wenn der Dübel in
das gebohrte Loch geschoben wird, öffnet sich der Schirm
bzw. Anker und der Dübel verankert sich. Das Gewicht der
späteren Konstruktion, die an der Schraube befestigt wird,
wird somit über den Befestigungsanker auf die Wand übertragen.

Auch hier sollte die **Dübelöffnung** bündig mit der Wand
schließen. Wenn der Dübel in der Wand sitzt, können Sie die
Schraube eindrehen. Dafür setzen Sie zwischen Wand und
Schraube eine Unterlegscheibe und darüber eine Mutter, um
die Unterlegscheibe an der Wand oder Konstruktion zu fixieren. Drehen Sie die Schraube ein. Sie müssen dabei vorsichtig vorgehen, da der Kippanker abreißen kann. Wenn Dübel
und Schraube am Ende fest in der Wand sitzen, haben Sie
alles richtig gemacht.

Spreizdübel

Spreizdübel, auch Kunststoffdübel genannt, sind die klassischen Dübel. Ich gehe davon aus, dass Sie, auch als Heimwerkerneuling schon einmal einen Dübel gesehen haben,
und das wird vermutlich ein Spreizdübel gewesen sein. Dieser reicht meist für die klassischen Aufgaben, wie z. B. ein
Bild oder Regal befestigen, völlig aus.

Die Handhabung von Spreizdübeln ist denkbar einfach. Der
passende Dübel wird einfach mit dem geschlossenen Ende in
das vorgebohrte Loch gesteckt, sodass die Öffnung bündig
mit der Wand abschließt. Nun sollte er fest sitzen und die
Schraube kann in das Dübelgewinde gedreht werden.

Der Hohlraumdübel (Kippdübel)

Hohlraumdübel kommen, wie der Name schon sagt, bei Hohlräumen zum Einsatz. Dies ist oft bei Deckenkonstruktionen,
wie z. B. abgehängten Decken, oder bei großen Hohlblock-
steinen der Fall. Am häufigsten werden Hohlraumdübel allerdings bei Leicht- oder Trockenbauwänden eingesetzt. Der

> **!** Wichtig: Es ist wichtig zu wissen, dass Hohlraumdübel nur sehr schwer
> wieder entfernt werden können. Durch den Schirm kann der Dübel
> nicht mehr aus der Wand gezogen werden. Wenn Sie die Gewindestange
> des Dübels aus der Wand herausdrehen, verbleiben die Anker im Hohl-
> raum.

Gipskartondübel

Gipskartondübel werden bei Gipskartonwänden eingesetzt. Diese Wände sind leicht und porös und erschweren das Aufhängen von Werkstücken. Das Gewinde des Gipskartondübels ist jedoch so geformt, dass er Halt in diesem ungünstigen Untergrund findet. Man nennt diese Form „Schnecke".

Während klassische Dübel wie eine Art Zäpfchen geformt sind, sieht die Gipskarton-Schnecke von außen aus wie eine Schraube, deren Gewinde von unten nach oben immer größer wird. Üblicherweise gibt es im Handel **zwei Arten von Gipskartondübeln**: Dübel aus Kunststoff, gekennzeichnet mit GK, und Dübel aus Metall, benannt mit GKM. Die Metalldübel werden bei schwereren Lasten und dickeren Gipskartonwänden genutzt.

Gipskartondübel werden anders, aber nicht aufwändiger als klassische Spreizdübel eingesetzt. Sie finden in der Verpackung eine Montagehilfe. Man bohrt mit dieser das Loch und schraubt im gleichen Arbeitsgang den Dübel in der Wand fest. Gehen Sie dabei langsam und behutsam vor. Ohne die Montagehilfe ist das Anbringen etwas komplizierter.

Das Gewinde des Dübels dreht sich selbst in die Gipskartonplatte und verbleibt dort. Die **Funktionsweise** ist ähnlich wie bei einer Holzschraube, die durch das Gewinde festgezogen wird. Dies funktioniert nur, weil Gipskarton weich genug ist, um vom Gewinde des Dübels zerschnitten zu werden. Erstaunlicherweise ist allerdings auch das Material des Gipskartondübels relativ weich. Schrauben Sie daher die Schraube behutsam und nicht zu fest ein, da der Dübel sonst beschädigt werden kann.

Schlagdübel bzw. Nageldübel

Schlagdübel sind eine relativ neue Erfindung und eignen sich dank ihrer unkomplizierten Handhabung besonders für schnelle Montagen an Beton- oder Steinwänden. Aufgepasst, liebe Hammer-Liebhaber, hier darf gehämmert werden!

Eine **speziell geformte Schraube**, die „Nagel" genannt wird, wird leicht, mit zwei Umdrehungen, in den Dübel geschraubt und mit diesem zusammen in ein Bohrloch gesteckt. Wenn der Dübel und die Schraube in der Wand stecken, wird der „Nagel" tiefer verschraubt und dann mit einem Hammer in die Wand geschlagen. Bei diesem Vorgang wird der Dübel durch das Nagelende gespreizt und so im Loch festgeklemmt. Es ist also tatsächlich super unkompliziert!

Die Schrauben gibt es in verschiedenen Längen und Breiten. Die Größe sollte daran bemessen sein, wie weit die Schraube aus der Wand ragen soll.

Die Formelemente der Schraube, wie z. B. der Schlitz oder Kreuzschlitz, dienen nicht der Montage, sondern der **Demontage**. Damit können Sie den „Schraubennagel" später einfach aus der Wand schrauben.

Sie können Schlagdübel überall dort einsetzen, wo keine allzu starke Belastung geplant ist und Sie möglichst schnell und effektiv Schrauben setzen möchten. Die **Tragfähigkeit** eines Nageldübels ist geringfügig kleiner, als die eines klassischen Dübels.

> **!** Wichtig: Bedenken Sie, dass Wände aus Gipskarton nicht besonders solide sind! Gegenstände, die daran angebracht werden sollen, sollten trotz des Dübels nicht zu schwer sein. Besonders alte Wände sind anfällig. Testen Sie die Wand daher am besten vor dem Bohren mit einem Schraubenzieher. Ist die Wand bereits bröselig, suchen Sie sich lieber eine neue Stelle für Ihr Werkstück.

ETA

Worauf Sie achten sollten: Wie bei den meisten Bauteilen, bei denen eine sehr hohe Zuverlässigkeit und Qualität verlangt wird, gibt es auch für Dübel viele Vorschriften. Ich möchte Ihnen nur die **„Europäisch Technische Zulassung"** mit der Kurzform ETA vorstellen. Bauteile, die mit diesem Siegel ausgezeichnet wurden, haben einen normierten Prüfzyklus durchlaufen. In diesem werden die Einbauweise und die Belastbarkeit geprüft. Daher sollten Sie immer auf die ETA-Zulassung achten. Dinge, die mit Dübeln befestigt werden, sind mit Garantie sehr massiv und sollten Ihnen lieber nicht von der Decke oder der Wand entgegenfallen.

Oft gibt eher die Wand nach als der Dübel, der in ihr steckt. Die Beschaffenheit der Wand ist also sehr wichtig und sollte von einem Fachmann, wie z. B. einem Architekten, Statiker oder Handwerksbetrieb, geprüft werden. Es ist von großer Bedeutung, in welches Material Sie bohren, ob in Beton, Naturstein oder Ziegel. Jeder **Untergrund** reagiert anders und hat unterschiedliche Anforderungen an den Dübel. Die

Micks Tipp:

Überschüssigen Flüssigdübel können Sie nach dem Trocknen mit leichten Hammerschlägen ganz einfach entfernen.

Anwendungsgebiete des entsprechenden Dübels sind in dem jeweiligen ETA-Dokument aufgeführt.

Nur wenn das Loch exakt gerade gebohrt wurde und nicht zu tief ist, kann der Dübel seine ganze Tragfähigkeit entfalten. Hier sind **Präzision und gutes Werkzeug** gefragt! Sie sollten unbedingt mit Bohranschlag und einem spitzen Bohrer arbeiten. Da Schwerlastdübel meist in sehr massiven Wänden verbaut werden, ist es vorteilhaft, mit einem Bohrhammer zu arbeiten. Der spart Kraft!

Flüssigdübel

An dieser Stelle möchte ich noch einmal auf den Flüssigdübel, auch Injektionsbefestigung genannt, eingehen. Ich hatte Ihnen diesen ja bereits beim Thema „Was tun, wenn das Bohrloch zu groß geraten ist?" vorgestellt (s. S. 29).

In manchen Fällen ist es sinnvoll, von Anfang an mit Flüssigdübel zu arbeiten. Und wie immer kommt es auch hier auf den **Untergrund** an. Während man bei Beton- oder Vollziegelwänden mit klassischen Spreizdübeln arbeiten kann, sieht das bei Baustoffen mit Hohlkammern schon ganz anders aus. In einer durchlöcherten Wand findet ein Dübel keinen Halt. Daher ist es besser, die Schrauben bzw. Befestigungen in der Wand einzubetonieren.

Beim **Bohren des Loches** für die spätere Schraube müssen Sie in diesem Fall nicht nur präzise, sondern auch sehr vorsichtig sein. Die Schlagfunktion sollte auf gar keinen Fall zum Einsatz kommen, da der Stein dadurch noch mehr zerstört werden kann. Wenn das passiert, hängen Sie an dieser Stelle der Wand gar nichts mehr auf.

In der Regel spritzen Sie nun mit einer **Auspresspistole** das Loch auf. Sobald der Hohlraum mit Flüssigdübel gefüllt ist, stecken Sie eine Dübel-Schrauben-Verbindung direkt in die Masse hinein. Wenn das Fluid ausgehärtet ist, sitzt der Dübel bombenfest.

Sägen

Wie Sie schon in der Werkzeugkunde gesehen haben, gibt es viele Sägewerkzeuge für verschiedenste Anwendungsbereiche. Dazu kommen noch zahlreiche Sägeblätter, die für unterschiedliche Materialien eingesetzt werden. In diesem Bereich möchte ich Ihnen diejenigen Sägewerkzeuge vorstellen, die am ehesten Ihren Weg kreuzen.

Je nachdem, was und wie man schneiden möchte, unterscheidet man im Groben zwischen:

- **beschichteten oder unbeschichteten Materialien,**
- **Holz, Metall oder Kunststoff,**
- **bei Massivholz: Längs-, oder Querschnitte.**

Egal ob elektrisch angetriebene Säge, z. B. Stich-, Handkreis- oder Kappsäge, etc. oder Handsäge, z. B. Fuchsschwanz, Fein- oder Japansäge – die Säge ist das Werkzeug und hat die Aufgabe zu sägen. Natürlich kann sie dieser Aufgabe nur nachkommen, wenn ein richtiges und scharfes Sägeblatt gewählt wurde. Der Sägende „führt" das Werkzeug und sorgt dafür, dass die Schnitte sauber und präzise ausgeführt werden.

Für moderne Handkreissägen gibt es Führungsschienen, auf denen die Säge geführt wird. Mit diesen Schienen gelingen kinderleicht gerade, saubere Schnitte. Die Säge und die Schiene sollten dabei vom gleichen Hersteller gewählt wer-

den. Besitzt man keine **Führungsschiene**, kann man sich Abhilfe durch eine gerade Richtlatte aus Holz oder Metall verschaffen. Diese befestigt man so auf dem zu sägenden Werkstück, dass man die Säge an der Latte entlangführt.

Sägeblätter

Um ein optimales Ergebnis (saubere, gerade Kante) zu erzielen, muss das richtige Sägeblatt aufgezogen sein.

Es gibt Sägeblätter für verschiedene Werkstoffe, Arbeiten und „Sägerichtungen". Ein falsch gewähltes Sägeblatt kann bei einer Stich- oder Handkreissäge dazu führen, dass das Sägeblatt verbrennt. Das bedeutet, es fängt während des Sägevorgangs an zu qualmen und zu stinken. Das Sägeblatt „läuft" schwarz an, die Sägeleistung lässt nach und es kann sogar zu Rückstößen und zu Verletzungen kommen.

Deshalb ist unbedingt darauf zu achten, wofür das Sägeblatt geeignet ist. Angaben hierzu finden Sie auf der Verpackung.

Sägen mit der Handsäge

Normalerweise benutzt man Handsägen, um z. B. schnell eine Leiste oder Latte auf die gewünschte Länge zu schneiden, also abzulängen.

Zuerst wird der Schnitt auf dem **Werkstück** angezeichnet. Dafür misst man mit dem Zollstock die gewünschte Länge der Leiste bzw. Latte aus und macht an entsprechender Stelle eine kleine Bleistiftmarkierung. Jetzt sollte man einen rechten Winkel (aus Metall oder Holz) zu Hilfe nehmen, um an dieser kleinen Markierung einen geraden, zur Kante hin rechtwinkligen Strich zu ziehen.

Es empfiehlt sich, das zu sägende Werkstück mit einer **Zwinge** zu fixieren, sodass man sich auf das Sägen konzentrieren kann. Für ein gutes Ergebnis sollte nichts mehr wackeln oder verrutschen. Die stärkeren und geübteren Heimwerker unter uns können kleine Materialien (z. B. eine dünne, kleine Holzleiste) evtl. auch mit der Hand festhalten.

Nun gilt es, exakt an dem vorgezeichneten Strich entlangzusägen. Die Säge sollte leicht angeschrägt an der hinteren Kante des Werkstücks angesetzt werden. Jetzt führen Sie sie vorsichtig mit einer leichten Bewegung vor und zurück. Viel Druck ist hier nicht notwendig und wäre sogar kontraproduktiv. Es entsteht zunächst eine kleine Kerbe, die dem **Sägeblatt Führung** gibt. Ist dies gelungen, kann man sich voll auf das Sägen konzentrieren.

Es wird entweder auf Stoß, auf Zug oder auf Stoß und Zug gearbeitet. Dabei ist natürlich zum einen auf den Strich, zum anderen auch darauf zu achten, dass sich das Sägeblatt möglichst im rechten Winkel zur Fläche befindet. Ansonsten verläuft der Sägeschnitt schräg nach unten bzw. oben. Hin und wieder sollten Sie daher den Blickwinkel verändern und die **Ausrichtung des Sägeblatts** kontrollieren. Kann man während bzw. nach dem Sägen noch knapp die „Hälfte" des eingezeichneten Strichs erkennen, darf man sich, ohne zu übertreiben, einen Sägeprofi nennen.

Wenn Sie das Ende des Strichs erreichen, sollten Sie das **Reststück** mit der freien Hand festhalten. So verhindern Sie, dass dieses durch sein Eigengewicht vorzeitig auf dem letzten Zentimeter abbricht und den ganzen Sägeschnitt versaut. Auch sägen will geübt sein. Nicht verzagen, wenn's beim ersten Mal noch nicht so gut klappt.

Nach dem Sägen müssen Sie die **Kante brechen**. Dafür schleifen Sie leicht mit Schleifpapier und -klotz im Winkel von 45° über die Kante.

Größere Sägearbeiten, vor allem längs zur Maserung des Holzes, würden mit der Handsäge zu viel Kraft und Zeit in Anspruch nehmen. Hier greifen Sie zur Stichsäge.

Micks Tipp:
Sägen Sie lieber langsam und üben Sie nicht zu viel Druck auf die Säge aus.

Sägen mit Stichsäge

Die Stichsäge kommt in der Regel beim Zuschneiden von Holzwerkstoffen zum Einsatz. Genau wie bei der Handsäge, müssen Sie auch bei der Arbeit mit der Stichsäge Vorbereitungen treffen. **Messen, Markieren und Anzeichnen** sind die Basis für ein gelungenes Ergebnis. Wenn das richtige Sägeblatt eingespannt ist, kann es losgehen.

Wenn Sie eine **Stichsäge mit Pendelhub** vor sich haben, sägt diese nicht nur auf und ab. Sie verfügt über eine pendelnde Vorwärtsbewegung, durch welche die Maschine noch effektiver schneidet. Passen Sie jedoch auf, dass Sie die richtige Stufe wählen. Bei feinen Arbeiten sollten Sie eine niedrige Stufe wählen, bei gröberen Schnitten oder härterem Holz kann es auch die höchste Stufe sein.

Schalten Sie die Stichsäge an und warten Sie so lange, bis diese **richtig „angelaufen"** ist. Erst wenn der Motor seine endgültige Arbeitsgeschwindigkeit erreicht hat, führt man die Stichsäge vorsichtig an das zu sägende Material heran. Keine Sorge, den richtigen Moment erkennen Sie am monotonen Klang. Auch hier gilt: Die Säge sägt, Sie führen diese nur in die richtige Richtung. Also bloß nicht zu stark nach vorne drücken. Versuchen Sie nicht, eine neue Bestzeit im Sägen zu erreichen – Sie werden scheitern. Langsam und konzentriert arbeiten, ist auch hier die richtige Herangehensweise.

> **!** *Achtung: Bei diesen Arbeiten sollten Sie unbedingt eine Schutzbrille aufsetzen. Beim Sägen können leicht Splitter in die Augen gelangen.*

Bei der Arbeit mit der Stichsäge kann die nach oben zeigende Fläche ausreißen. Das liegt an der Zahnung des Sägeblatts, die in der Regel ebenfalls zum Himmel zeigt. Die untere Fläche ist normalerweise die mit der **sauberen Sägekante**. Es empfiehlt sich daher, die später sichtbare Seite nach unten zu legen und die Maße auf der später nicht sichtbaren Seite anzuzeichnen. Es gibt allerdings auch Stichsägeblätter, deren Zahnung nach unten zeigt.

Micks Tipp: Beim Wechseln von Sägeblättern, Trennscheiben etc. müssen Sie immer darauf achten, dass der Stecker der Maschine gezogen ist. Es kann passieren, dass Sie aus Versehen an den Betriebsschalter kommen und die Maschine plötzlich angeht.

Holz-Oberflächenbehandlung

Schleifen

Schleifen gehört zu den ältesten Verfahren der Holzbearbeitung. Schleifen ist üblicherweise der erste Schritt der Oberflächenbehandlung und dient der Vorbereitung und Glättung des Holzes. Leider ist das Schleifen eine mühselige Aufgabe und kostet Geduld und Zeit. Diese sollten Sie sich aber unbedingt nehmen, da es ohne eine solide Basis kein sauberes Ergebnis geben kann.

Natürlich geht die Arbeit mit einem **elektrisch gesteuerten Schleifwerkzeug** deutlich schneller und einfacher als die mit einem Schleifklotz. Hierbei sollten Sie keinen zusätzlichen Druck auf das Gerät ausüben. Dadurch würden Sie den Lauf der Maschine behindern und die Arbeit abbremsen, anstatt sie zu beschleunigen.

Gibt es viele Unebenheiten und Spuren im Holz, nutzen Sie für den Grob- und den späteren Feinschliff am besten einen **Exzenterschleifer**. Führen Sie das Gerät dafür langsam längs Bahn für Bahn in Richtung der Maserung über die Oberfläche. Für den Feinschliff kleiner Flächen und Kanten sollten Sie einen Schwingschleifer oder einen Schleifklotz mit entsprechender Körnung zur Hand nehmen.

Um ein optimales Ergebnis zu erzielen, sollten Sie niemals das Holz mit einer 80er Körnung anschleifen und im nächsten Schleifgang ein 240er Blatt verwenden. Sie würden keine wirklich glatte Fläche erzielen. Empfehlenswert ist ein Zwischenschliff mit ca. 120/150er Körnung.

Schleifpapierkörnung

Die Körnung sagt aus, wie fein bzw. grob ein Werkstück geschliffen wird. Je größer die Zahl der Körnung, desto feiner die Schleifwirkung. Außerdem unterscheidet man zwischen Trocken- und Nass-Schleifpapier und es gibt spezielle Acryllack-Schleifpapiere.

Je nach Oberflächenbeschaffenheit (rau, gehobelt, bereits vorgeschliffen) eignen sich folgende **Körnungen für folgende Schleifgänge:**

Erster Schleifgang Hartholz	60er bis 80er
Zwischenschliff / zweiter Schleifgang	120er bis 150er
Erster Schleifgang Weichholz	80er bis 120er
Zwischenschliff / zweiter Schleifgang	150er bis 180er
Feinschliff / Endschliff	240er bis 320er
Zwischenschliff Lack	150er bis 180er

Nachdem Sie die Flächen, Ecken und Kanten geschliffen haben, ist es Zeit für den **abschließenden Schleifgang in Richtung der Maserung**. Dabei arbeiten Sie am besten per Hand mit einem Schleifklotz. Mit diesem entfernen Sie die letzten Schleifspuren der Maschine.

Um eine Oberfläche perfekt zu glätten, sollten Sie diese zwischen den Schleifgängen **wässern** (siehe Fachbegriffe) und trocknen. So verhindern Sie, dass sich die Fasern beim ersten Kontakt mit Feuchtigkeit, z. B. beim Lackieren, aufstellen. Die Oberfläche würde sich dann wieder rau anfühlen. Besonders wichtig ist dies bei der Behandlung mit Beize, da gebeiztes Holtz nicht geschliffen werden kann, ohne dass sich die Beize ablöst.

Ob Sie mit oder ohne Zwischenschliff bei der Verarbeitung von Massivholz arbeiten, hängt von dem Ergebnis ab, das Sie erreichen wollen. Wer öfter und feiner schleift, erhält natürlich eine glattere Oberfläche.

Micks Tipp:

Sie sollten prinzipiell nur mit scharfem Schleifpapier arbeiten. Wenn das Papier stumpf ist, werden die Fasern nicht geschliffen, sondern plattgedrückt.

Lackieren

Wie in der Materialkunde schon vorgestellt, unterscheidet man grob zwei Arten von Lacken: wasserhaltige Acryllacke und löse-mittelhaltige Alkydharzlacke. Trotzdem gibt es im Fachhandel eine schier unendliche Auswahl von Unterkategorien, was eine fachkundige Beratung unumgänglich macht.

Vorbereitung

Wie bei allen anderen Oberflächenbehandlungen, ist auch beim Lackieren eine gute Vorbereitung notwendig. Befreien Sie die Oberfläche von Schmutz und Fettflecken. Nachdem die Oberfläche gereinigt wurde, können Sie sie mit einem feinen Schleifpapier anschleifen. Dadurch kann sich der Lack besser im Material verkrallen. Sollte die Oberfläche grobe Uneben-heiten aufweisen, diese nicht nur an-, sondern richtig vor-schleifen und ggf. mit Spachtelmasse ausgleichen. Falls Sie Spachtelmasse verwenden, muss diese nach dem Trocknen ebenfalls angeschliffen werden. Nachdem die Fläche ordent-lich vorbereitet wurde, entfernen Sie noch einmal die letzten Späne und Staubkörner.

Lackauftrag

Benetzen Sie die Rolle oder den Pinsel gleichmäßig mit Far-be. Überschüssiger Lack sollte am Dosenrand oder im Rollbe-cken abgestrichen werden. Für ein gleichmäßiges Ergebnis starten Sie Ihre Arbeit an den Ecken und Kanten. Wenn alle kleineren Flächen lackiert sind, können Sie den Lack in Bah-nen, bei Holz in Richtung der Maserung, auftragen. Dann gehen Sie noch einmal quer über die gesamte Fläche und zum Abschluss noch einmal längs, damit die Lackschicht gleichmäßig wird.

Bevor Sie den Gegenstand in Gebrauch nehmen können, muss der Lack trocken sein. Dies können Sie an einer unauf-fälligen Stelle testen. Drücken Sie sanft Ihren Finger gegen die Oberfläche. Bleibt ein Fingerabdruck, heißt es, noch ein-mal warten. Alkydharzlacke trocknen langsamer als Acryl-lacke und brauchen während der Trocknungszeit frische Luft. Wie lange Sie für einen zweiten Lackiergang warten müssen, können Sie der Verpackung entnehmen.

Nach der Arbeit sollten Sie die Pinsel erst an Zeitungspapier abstreifen und dann auswaschen. Wenn Sie Ihre Arbeit später oder am nächsten Tag weiterführen möchten, hängen Sie die Pinsel in Wasser (bei Acryllack) oder in Pinselreiniger (bei Alkydharzlack).

Micks Tipp:
Lacke sollten trocken, kühl und frostfrei gelagert werden.

Micks Tipp:

Bevor Sie einen Pinsel das erste Mal verwenden, streichen Sie einmal durch die Borsten, um lose Haare zu entfernen.

Pinsel

Welcher Pinsel für welchen Lack? Je nachdem, welchen Lack Sie verwenden und was Sie lackieren möchten, sind unterschiedliche Pinsel und Rollen von Vorteil.

Pinsel	
Naturborsten-Pinsel	Geeignet für grobe Lackierungen mit Alkydharzlack
Chinaborsten-Pinsel	Geeignet für feine Lackierungen mit Alkydharzlack
Orelmix-Pinsel	Geeignet für wasserverdünnbare Acryllacke
Acrylpinsel (Flach)	Geeignet für wasserverdünnbare Acryllacke und große Oberflächen
Acrylpinsel (Rund)	Geeignet für wasserverdünnbare Acryllacke und feine Arbeiten, Kanten und Ecken
Schaumstoff- oder Moltoprenwalze	Geeignet für alle Lacke und für große Flächen
Flockroller	Geeignet für Acryllacke und wenn die Oberfläche besonders glatt sein soll.
Filzroller	Geeignet für Acryllacke und das Lackieren von Heizkörpern

Beizen

Beizen zählt zu den verschönernden Oberflächenbehandlungen für Echtholz. Beize färbt die Oberfläche nur und schützt sie nicht. Daher müssen Sie die gebeizte Fläche im Anschluss mit Lack, Öl oder Wachs versiegeln. Sie können Beize in verschiedenen Farben und für verschiedene Hölzer im Baumarkt oder Fachhandel erwerben.

Bei Beize soll man, anders als beim Lack, die Maserung des Holzes noch erkennen. Wie das Ergebnis aussieht, ist abhängig von der Holzart, der Beize sowie der Oberflächenversiegelung.

Man unterscheidet **chemische und pigmentierte Beizen**. Während chemische Beize die Holzmaserung betont, verdeckt pigmentierte Beize diese leicht. Bevor Sie mit dem Beizen beginnen, sollten Sie die Farbe zur Probe auf gleichem Material auftragen und sie evtl. aufhellen oder verdunkeln.

Vorbereitung

Damit das Ergebnis schön ist, ist eine gute Vorbereitung unerlässlich. Sie sollten das Holz daher mindestens zweimal schleifen und im Zwischengang wässern. Dadurch entfernen Sie kleine Unebenheiten und Druckstellen.

Nachdem Sie die Oberfläche mit lauwarmem Wasser eingestrichen haben und die Oberfläche getrocknet ist, können Sie die aufgerichteten Faserhärchen mit 180er Schleifpapier abschleifen. Bevor Sie die Beize auftragen, sollten Sie die gesamte Fläche von Staub befreit haben.

Da Beize schon durch kleinste Partikel ihre Farbe ändern kann, füllen Sie die benötigte Menge vor dem Streichgang in einen Behälter und arbeiten nur mit einem Pinsel. Wie jede Farbe, muss auch Beize sorgfältig aufgerührt werden, damit sich die Farbpartikel gleichmäßig verteilen.

Beize auftragen

Wenn das Holz vorbereitet ist, können Sie die Beize auftragen. Arbeiten Sie dabei in Richtung der Maserung und Bahn für Bahn. Wenn die gesamte Fläche mit Farbe benetzt ist, gehen Sie noch einmal quer zur Maserung und zum Abschluss noch einmal längs über das Holz. Farbspritzer sollten Sie dabei unbedingt vermeiden. Deswegen streichen Sie bei senkrechten Flächen immer von unten nach oben.

Nach einigen Minuten können Sie die überschüssige Beize mit einem Pinsel oder einem trockenen, weichen Tuch in Richtung der Maserung abziehen. Nachdem das Holz getrocknet ist, tragen Sie die Versiegelung auf. Wenn das Material kaum bis gar nicht beansprucht wird, reicht eine Öl-Lasur. Wenn Sie allerdings Ihren Boden gebeizt haben, sollten Sie diesen mit einer Klarlackschicht schützen. Achten Sie beim Kauf darauf, dass Beize und Schutz zueinander passen. So sollte wasserlösliche Beize z. B. nicht mit Lack auf Wasserbasis kombiniert werden.

> **!** Hinweis: Achten Sie beim Kauf darauf, dass Beize und Schutz zueinander passen. So sollte wasserlösliche Beize z. B. nicht mit Lack auf Wasserbasis kombiniert werden.

Lasieren

Mit einer Lasur können Sie Wände lebendig gestalten. Lasuren können sowohl im Innenbereich auf **Möbelstücken** zur **Oberflächengestaltung** als auch im Außenbereich zum Schutz vor Witterung und Schädlingen eingesetzt werden.

Im Handel erhältlich sind Lasuren in verschiedenen **Farbtönen und für verschiedene Hölzer**, aber auch farblose bzw. transparente Lasuren. Sie können, indem Sie eine farblose Lasur mit 10 – 15 % eines geeigneten Farblacks mischen, einen **individuellen Farbton** herstellen.

Holzoberflächen, die mit Lasuren bearbeitet wurden, können „atmen". Das heißt, Lasuren verschließen die Oberfläche nicht und lassen dadurch eine **Feuchtigkeitsregulierung des Holzes** zu. Eine Lasur sollte mindestens zweimal mit einem Pinsel auf die Holzoberfläche aufgetragen werden. Vorheriges „Wässern" wird empfohlen. Um einen dauerhaften Schutz im Außenbereich zu erreichen, nehmen Sie ungefähr alle zwei Jahre einen „Auffrischungsanstrich" vor.

Man unterscheidet zwischen **Dünn- und Dickschichtlasuren**. Die Dünnschichtlasur ist, wie der Name schon sagt, von ihrer Konsistenz her sehr dünn, also wasserähnlich. Dadurch kann die Färbung bzw. der Schutz tiefer in das Holz einziehen. Die Dickschichtlasur legt sich wie ein Farbfilm auf die jeweilige Oberfläche und färbt oder schützt diese.

Ölen

Das Ölen dient der **Pflege** sowie der **Versiegelung** und dem **Schutz von Holz**, egal ob es sich um eine Platte oder einen Gartentisch handelt. Ich liebe die Arbeit mit natürlichen Materialien und als gelernter Schreiner schätze ich Holz ganz besonders. Aber wie das mit natürlichen Materialien so ist, brauchen diese viel Pflege, um ihren natürlichen Charme und ihre Gebrauchsfähigkeit beizubehalten.

Grundsätzlich eignet sich das Ölen für alle natürlichen Hölzer, ob zur **Oberflächenbehandlung** oder zur **Tiefenimprägnierung**. Besonders pflegebedürftig sind Holzmaterialien, die der ständigen Witterung ausgesetzt sind, wie z. B. Gartenmöbel. Durch die Behandlung wird die Haltbarkeit des Holzes verlängert und das Material ist witterungsbeständiger.

Es gibt viele verschiedene **Arten von Holzöl**, welche sich in der Farbe, in der Konsistenz und auch in den Gebrauchseigenschaften des Materials unterscheiden. Grob unterscheidet man aushärtende sowie nicht aushärtende Öle und Wachs-Öl-Kombinationen. Aushärtende Öle sind mit Kunstharzen versetzt und werden daher mit der Zeit fest. Holzöle, die nicht aushärten, bleiben auch nach dem Einziehen in das Holz flüssig. Durch diese entsteht ein schützender Ölfilm auf der Oberfläche, der das Holz zum Glänzen bringt. Bei den Kombinationen aus Öl und Wachs pflegt das Öl das Holz von innen, während das Wachs die Oberfläche versiegelt.

Wie auch beim Lackieren, ist es beim Ölen wichtig, das **Material vor dem Behandeln** zu reinigen und austrocknen zu lassen. Oft ist es sinnvoll, das Holz vor dem Ölen anzuschleifen, damit die Flüssigkeit besser eindringen kann. Prinzipiell sollte man Möbel wie beispielsweise Schränke nur von außen ölen, um eine Schimmelbildung im Korpus zu vermeiden.

Auch bei dieser **Materialbehandlung** ist ein gleichmäßiges Arbeiten mit einem geeigneten Pinsel unerlässlich. Und das Wichtigste ist natürlich auch hier Ruhe und Gelassenheit. Sobald Ihr Möbelstück geölt ist, ist es Zeit für eine Ruhepause. Sie haben jetzt 24 Stunden Zeit, sich um die schönen Dinge des Lebens zu kümmern. Danach entfernen Sie die überflüssigen Reste und ölen noch einmal nach. Sollten Sie mit Öl-Wachs-Kombinationen arbeiten, lesen Sie unbedingt die genaue Gebrauchsanweisung auf der Packung, um doppeltes Arbeiten zu vermeiden.

Kinderstelzen

Eigentlich sind Stelzen eine alte Erfindung. Sie wurden früher zum Überqueren von sumpfigen oder schlammigen Gebieten verwendet. Schäfer in Frankreich nutzten sie, um ihre Herde besser überblicken zu können, und in Amerika wurden die Beinverlängerungen auf Obstplantagen oder bei Fensterreinigungen eingesetzt. Heutzutage sind Stelzen ein Kinderspielzeug. Aber ich finde, ein tolles! Man kann mi Stelzen nicht nur seine Motorik und seinen Gleichgewichtssinn schulen, sondern hat auch noch Spaß dabei. Und Stelzen herzustellen, ist gar nicht so schwer.

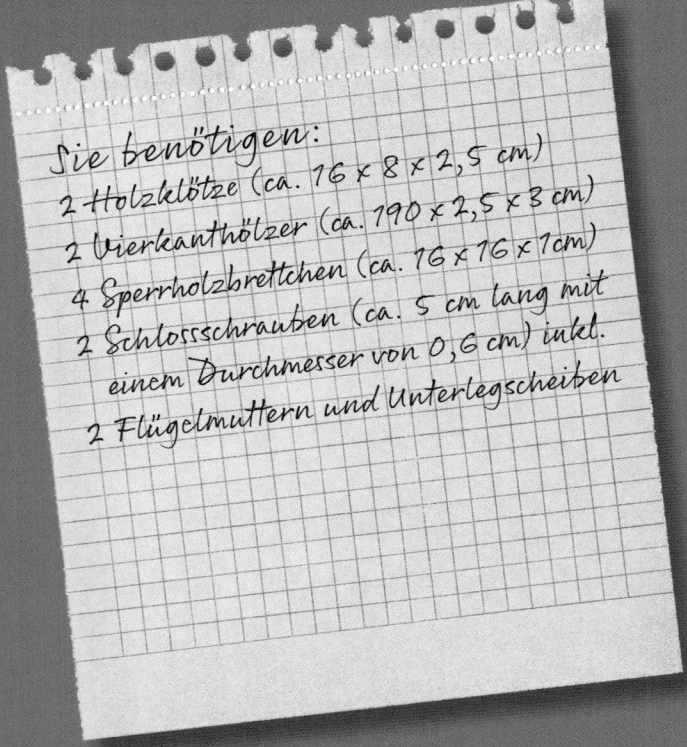

Sie benötigen:
2 Holzklötze (ca. 16 × 8 × 2,5 cm)
2 Vierkanthölzer (ca. 190 × 2,5 × 3 cm)
4 Sperrholzbrettchen (ca. 16 × 16 × 1 cm)
2 Schlossschrauben (ca. 5 cm lang mit einem Durchmesser von 0,6 cm) inkl.
2 Flügelmuttern und Unterlegscheiben

1 Beginnen wir mit den Stangen: Bohren Sie jeweils in die 3 cm breite Seite mittig in einem Abstand von jeweils 5–6 cm zehn 0,6 cm große Löcher. Über diese werden später die Fußstützen mit den Schlossschrauben an den Stangen befestigt.

2 Nun die Fußstützen: Dafür leimen Sie ein Sperrholzbrettchen jeweils auf beiden Seiten der Holzklötze fest, sodass diese an drei Kanten bündig sind und an einer Kante 8 cm überstehen. Bis der Leim getrocknet ist ,sollten die Konstruktionen im Schraubstock zusammengepresst werden.

3 Nach der Austrocknungsphase werden die Fußklötze zurechtgesägt. Als Grundlage nehmen Sie dafür die Form eines abgerundeten Dreiecks. Von den 8 cm Überstand der Sperrholzbrettchen können dabei ca. 4 cm wegfallen. Es müssen jedoch mindestens 3 cm Überstand erhalten bleiben, um die Fußklötze an den Stangen zu befestigen.

4 Am besten legen Sie das Fußteil erst einmal an das Vierkantholz an, um den Sitz zu prüfen, bevor Sie mit dem Sägen beginnen. Nachdem Sie die Sägelinie auf einen der Klötze aufgezeichnet haben, sägen Sie die Fußstütze mit einer Stichsäge aus.

5 Beide Klötze müssen identisch sein: Benutzen Sie den ausgesägten ersten als Schablone für den zweiten.

6 Nachdem beide Fußstützen ausgesägt sind, können Sie die Verbindungslöcher bohren. Diese müssen natürlich dem Abstand der Bohrlöcher in den Vierkanthölzern entsprechen. Nun alles sorgfältig glattschleifen.

7 Nach der Reinigung können Sie die Fußklötze mit den Schlossschrauben an den Stangen befestigen und „losstelzen". Viel Spaß dabei!

Wände

Der Umzug steht bevor! Die Kartons sind zum größten Teil bereits gepackt und, ganz wichtig, so beschriftet, dass jeder Helfer sofort weiß, welcher Karton später wohin gehört.

Doch bevor Sie die ersten Kisten in die neue Heimat bringen können, ist vermutlich noch so einiges zu tun. Aber seien Sie sich sicher, die Aufgaben, die auf Sie zukommen, sind zu bewältigen und können sogar Spaß machen! Dieses Kapitel dient daher den elementaren Heimwerkerherausforderungen, denen sich die meisten glücklichen Haus- und Wohnungsbesitzer beim Umzug stellen müssen.

Renovierungsarbeiten

Vorab eine Faustregel: Die Arbeiten sollten immer von oben nach unten durchgeführt werden. Ob von der oberen Etage in die untere oder von der Decke über die Wände zum Boden. Mit dieser Herangehensweise darf man, wenn auch der Bodenbelag erneuert werden soll, mit gutem Gewissen beim Tapeteentfernen, Tapezieren oder Anstreichen, Fünfe gerade sein lassen und ein wenig herumsauen.

Alte Tapete entfernen

Die alte Tapete muss also unbedingt runter. Nun gut, man hat ja bereits gehört, wie ätzend, anstrengend und langwierig diese Arbeit sein soll. Das stimmt auch, aber nur, wenn man einen entscheidenden Fehler begeht. Und den machen leider die meisten. Wie bei allen Tätigkeiten, ist eine gute Vorbereitung die halbe Miete. Wer leichtes Spiel beim Tapeteentfernen haben möchte, muss die Bahnen einfach lange und intensiv genug einweichen lassen.

Wie man Tapete NICHT entfernt

Tapetenablöser ins Wasser, mit einem Quast die Tapete nass machen und 10 Minuten später mit einem Spachtel an der Tapete rumkratzen ... Sisyphos lässt grüßen.

Wie man Tapete RICHTIG entfernt

Die Tapete sollte zuerst mit einem Cutter oder Messer eingeritzt werden. Man „schneidet" kreuz und quer den gesamten Wandbelag ein. Eine Alternative sind Nagelrollen, die die **Tapete perforieren**.

Dieser Vorgang ist insofern wichtig, da der Tapetenablöser nur auf diese Weise gut in die Tapete eindringen kann. Gelangt die Flüssigkeit nicht bis an die Wand, kann der alte Kleister nicht angelöst werden. Bleibt die Tapetenrückseite trocken, lässt sich der vorhandene Wandbelag schlechter ablösen.

Der **Vorgang des Einweichens** muss vor allen Dingen mehrfach wiederholt werden. Also immer und immer wieder nass machen. Nach dem ersten Mal Einweichen kann man sich getrost zurücklehnen, einen Kaffee trinken und die Tapete Tapete sein lassen. Kein Grund zur Hektik. Eine kleine Kratzprobe mit einem Stoßspachtel gibt Aufschluss darüber, ob die Tapete bereit ist, sich entfernen zu lassen. Ansonsten noch einmal einweichen und wieder Kaffee, Zeitung oder Radio genießen. Ich weiß, das hört sich nach verdammt viel Zeit an, die man investieren muss! Aber im Verhältnis zu der Arbeit und der Zeit, die man im Nachhinein spart, lohnt es sich auf jeden Fall.

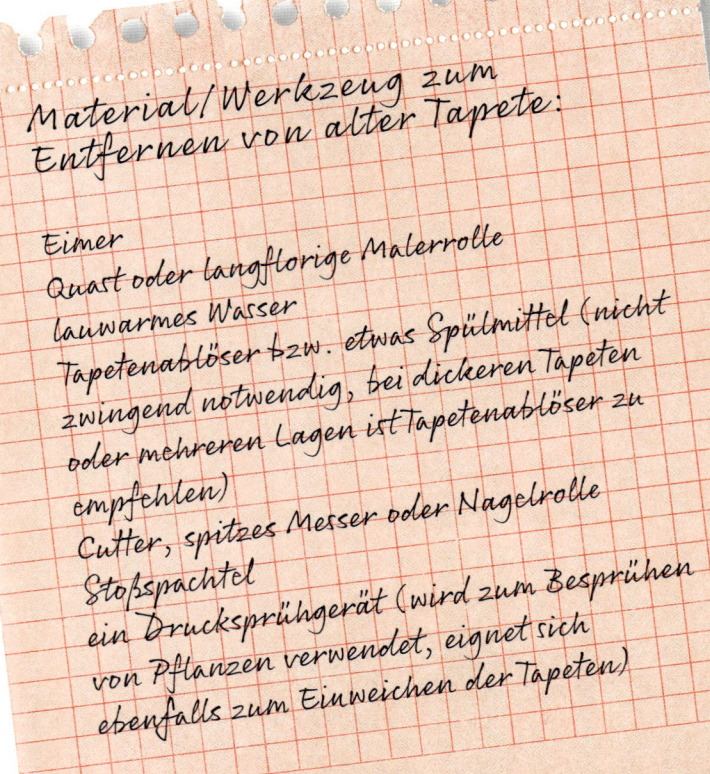

Material/Werkzeug zum Entfernen von alter Tapete:

Eimer
Quast oder langflorige Malerrolle
lauwarmes Wasser
Tapetenablöser bzw. etwas Spülmittel (nicht zwingend notwendig, bei dickeren Tapeten oder mehreren Lagen ist Tapetenablöser zu empfehlen)
Cutter, spitzes Messer oder Nagelrolle
Stoßspachtel
ein Drucksprühgerät (wird zum Besprühen von Pflanzen verwendet, eignet sich ebenfalls zum Einweichen der Tapeten)

> **Wichtig:** Alte Nägel, Schrauben oder Haken entfernen. Bei der Arbeit mit dem Stoßspachtel ist darauf zu achten, dass man möglichst keine Schrammen auf der Wand hinterlässt.

Natürlich wird es ab und an Stellen geben, an denen sich nur kleinere Stücke entfernen lassen. Aber wenn sich nicht **mehrere Tapetenschichten** übereinander befinden, sollte auf diese Art und Weise der alte Wandbelag recht einfach zu lösen sein.

Übrigens, wenn Sie eine **Vliestapete** vor sich haben, kann ich nur sagen: Glückwunsch! Diese lassen sich recht einfach Bahn für Bahn trocken abziehen. Dies liegt an dem dehnbaren Vliesgewebe, wodurch der Kleister nachgibt, bevor die Tapete reißt.

Endlich, die letzten Tapetenreste sind entfernt! Arme und Hände geben einem zu verstehen, dass es Zeit für ein Bad und für Ruhe ist. Aber vorerst werden Sie leider nicht erlöst. Jetzt kommen auf einmal alle kleineren Löcher zum Vorschein, die der Vormieter Ihnen freundlicherweise hinterlassen hat – teilweise mit oder aber auch ohne Dübel.

> **Hinweis:** Es gibt auch sogenannte Dampf-Tapetenablöser. Diese sind besonders für hartnäckige Bahnen geeignet.

Wände ausbessern

Je nachdem, wie man eine Wand gestalten möchte, kann es wichtig sein, die bestehenden Löcher zu schließen. Eine Raufasertapete „schluckt" einiges an Unebenheiten oder kleineren Löchern und ist somit ein dankbarer Freund bei geschundenen Wänden. Bei einer Vlies-, Papier- oder Fototapete können diese Löcher allerdings nach dem Tapezieren wieder zum Vorschein kommen. Ganz zu schweigen davon, wenn man gar nicht tapezieren, sondern einfach nur streichen möchte.

Löcher füllen

Bevor man zum Renovierungs- oder Füllspachtel greift, der in jedem Baumarkt in der Malerabteilung zu finden ist, sollte man diese Löcher erst einmal mit einem anderen Material füllen.

Hierfür eignet sich Papier jeglicher Art. Man stopft die Löcher z. B. mithilfe eines Schraubenziehers so weit mit Papier voll, dass nur noch eine kleine Unebenheit von ca. 2–3 mm übrig bleibt. Das **Füllmaterial** darf auf keinen Fall überstehen. Erst jetzt nimmt man einen Stoß- oder Japanspachtel und füllt mit der Spachtelmasse den „Rest" des Loches.

Warum das alles? Je mehr Spachtelmasse zur Füllung eines Lochs benutzt wird, desto länger ist die **Trocknungszeit**. Zu beachten ist außerdem, dass die Spachtelmasse während der Trocknungsphase leicht einfällt. Das heißt, nach dem ersten Spachteln entsteht eine kleine Unebenheit, die man nur mit einem zweiten Spachtelgang beseitigen kann.

Hat man zu viel Spachtelmasse aufgetragen, sodass nicht nur das Loch bündig gefüllt wurde, sondern sich auch noch reichlich getrocknete Masse auf der Wand befindet, muss dieser Überschuss vorsichtig mit dem Stoßspachtel abgeschabt oder mit Schleifpapier (80er Körnung) abgeschliffen werden.

Anstatt Spachtelmasse kann man auch Acryl verwenden. Wer beides nicht zur Hand haben sollte, kann natürlich auch weiße Zahnpasta benutzen. Funktioniert!

Wandausbesserungen

Risse in der Wand, z. B. kleine Setz- oder Platzrisse, bei denen der Putz noch fest an der Wand sitzt, können mit einem elastischen Fugenabdichtungsmittel, z. B. Acryl, gefüllt werden. Etwas günstiger, dafür auch einen Tick aufwändiger, ist Spachtelmasse auf Zement- oder Gipsbasis.

Sollte der Riss zu dünn sein, empfiehlt es sich, diesen mit einem Schraubenzieher zu vergrößern, um ihn später besser mit Fugendichtungsmasse auffüllen zu können. Nachdem der Riss mit Acryl gefüllt ist, sollte das überschüssige Material mit einem Spachtel bündig zur Wand abgezogen werden. Mit einem Pinsel kann die Füllung der jeweiligen Oberfläche angepasst werden. Das gleiche Verfahren wird übrigens bei kleinen Dellen in der Wand angewandt.

Micks Tipp:

Für ein besseres Ergebnis empfiehlt es sich, den Spachtel oder Glätter vorher anzufeuchten.

Tapezieren

Wenn die Wände vorbereitet sind, ist es Zeit für die Tapete. Wenn Sie Ihre nackten Wände nur streichen möchten, können Sie dieses Thema überspringen.

Tapete

Die erste Frage, die sich stellt, ist: „Welche Tapete möchte ich haben?" Die **Auswahl** an Tapeten ist unglaublich groß. Es gibt nicht nur viele Muster, Formen und Farben, sondern auch verschiedene Grundmaterialien. Die Hauptarten sind Vlies- oder Papiertapeten, jeweils mit oder ohne Muster. Die weit verbreitete Raufasertapete gab es früher nur als Papiertapete, heute kann man diese auch als Vliestapete erwerben.

Im Laufe der letzten zehn Jahre, die ich für das TV produziere, waren die unerfahrenen Protagonisten immer überrascht, wie einfach die Handhabung von **Vliestapete** ist. Daher habe ich mich entschieden, Ihnen das Tapezieren mit Vliestapete vorzustellen. Vliestapete bietet viele Vorteile und erspart Arbeit und unnötigen Stress. Die Tapete muss nicht eingeweicht werden. Sie können Sie einfach trocken auf die vorher eingestrichene Wand kleben. Auch der alte Tapeziertisch ist überflüssig. Und natürlich entsteht nicht so viel Dreck. Aber dazu später mehr.

Nur der Vollständigkeit halber, ein paar Worte zur **Papiertapete**: Diese dehnt sich beim Tapezieren durch die Feuchtigkeit des Kleisters bis zu 15 mm weit aus und kann dabei ihre Form verändern. Man benötigt ein sehr gutes Timing, da sich sowohl eine zu kurze als auch eine zu lange Wartezeit beim Einweichen negativ auf das Ergebnis auswirkt. Es können Längsfalten entstehen, oder aber die Tapete klebt nicht richtig und reißt im schlimmsten Fall ein. Besonders bei **Mustertapeten** ist die Einweichzeit eine Herausforderung, da es bei Unterschieden in der Einweichzeit der einzelnen Bahnen zur Verschiebung des Rapports kommen kann.

> **!** Wichtig: Es gibt natürlich auch andere Tapetensorten, wie z. B. Textil- oder Glasfasertapeten. Als Anfänger sollten Sie von diesen allerdings die Finger lassen. Definitiv nur etwas für Fortgeschrittene!

Wie viele Rollen werden benötigt?

Natürlich möchten Sie nicht unnötig zu viele Rollen kaufen oder auf einmal an einer Bahn scheitern, weil ihnen zwei Meter Tapete fehlen. Es gibt zur Berechnung der richtigen Tapetenmenge viele Formeln.

Als Faustregel nutze ich folgende:

(Raumumfang x Raumhöhe) : 5 = Anzahl der Rollen bei normalem Rollenmaß (53 cm breit, 10,05 m lang)

Fenster und Türen werden übrigens nicht abgezogen!

Ein Rechenbeispiel:

3 x 4 m großen Raum mit einer 2,5 m Deckenhöhe

Umfang:
3 + 3 + 4 + 4 = 14

und somit
14 x 2,5 : 5 = 7.

Sie benötigen also 7 Rollen.

Raufaser-Rollen sind meist länger, sodass Sie weniger Rollen benötigen. Wenn Sie also mit Raufaser arbeiten, achten Sie beim Kauf immer auf die Bahnlänge. Bei Mustertapete sollten Sie immer ein oder zwei Rollen mehr kaufen. Den

Stress, wegen einer Bahn noch einmal zum Baumarkt fahren zu müssen, will sich wirklich niemand antun.

Tiefengrund

Bevor man die Wand einkleistert bzw. tapeziert, sollte man sie absperren (s. S. 16). Wenn Sie eine neue Wand vor sich haben, können Sie diese vor dem Bekleistern anstatt mit Tiefengrund auch flächig mit einer dünnen Schicht Kleister absperren. So wird verhindert, dass Feuchtigkeit in die Wand eindringt.

Da Vliestapete leicht durchscheinend ist, sollten Sie außerdem unbedingt darauf achten, dass der Untergrund farblich einheitlich und nicht zu dunkel ist. Hat man viele Flecken und Unebenheiten, sollte man zum Absperren der Wand weiße Grundierung, z. B. „Tapeziergrund weiß", verwenden.

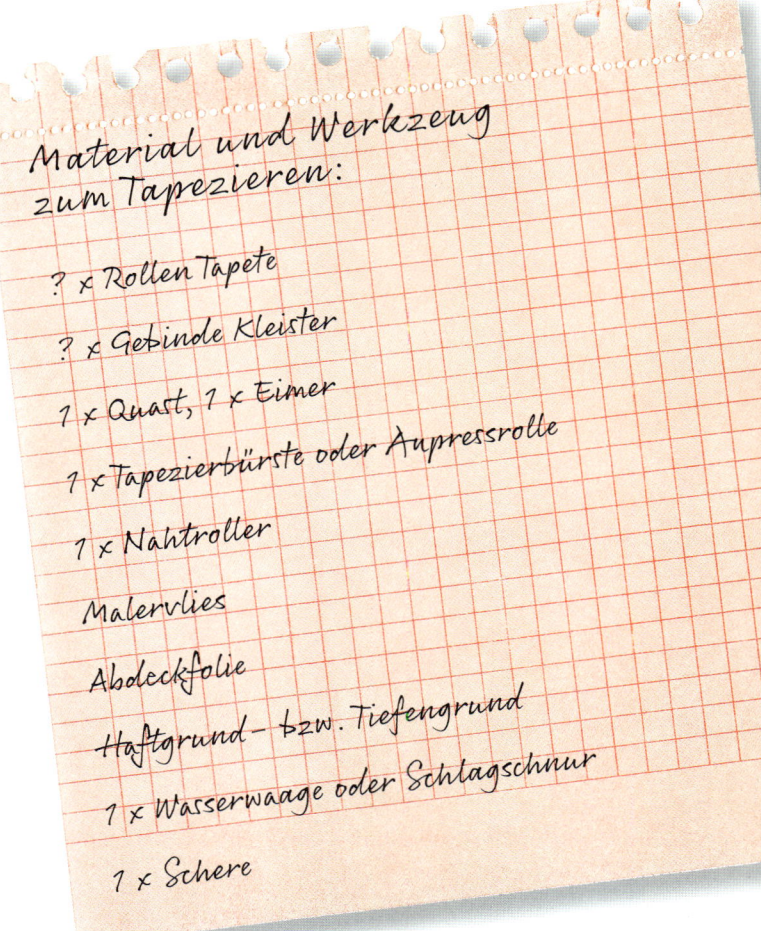

Material und Werkzeug zum Tapezieren:

? x Rollen Tapete

? x Gebinde Kleister

1 x Quast, 1 x Eimer

1 x Tapezierbürste oder Anpressrolle

1 x Nahtroller

Malervlies

Abdeckfolie

Haftgrund- bzw. Tiefengrund

1 x Wasserwaage oder Schlagschnur

1 x Schere

Sendung
Thema Tapezieren

ZDF FernsehGarten

Richtig tapezieren

Genau wie das Entfernen von Tapete, hat auch das Tapezieren keinen besonders guten Ruf. Das liegt vermutlich daran, dass viele Heimwerker noch das Bild von riesigen Tapeziertischen und komplizierten Einweichverfahren im Kopf haben. Durch die Verwendung von Vliestapete sind diese Störfaktoren allerdings Geschichte.

Das Wichtigste beim Tapezieren ist Platz und Konzentration. Diese Grundvoraussetzungen sollten Sie schaffen, bevor Sie mit der eigentlichen Arbeit beginnen. Halten Sie außerdem unbedingt die **Fenster und Türen geschlossen**, damit ein Durchzug Ihnen nicht die frischen Bahnen von der Wand reißt.

Bei Vliestapeten ohne Muster ist es zu empfehlen, diese vor der Anbringung auf die Länge der Wand zu kürzen (ca. 10 cm länger, als die Wand hoch ist). Bei Tapeten mit Muster sieht das anders aus. Bitte lesen Sie dafür den Abschnitt „Mustertapeten" (s. S. 56).

Die erste Bahn

Es ist Zeit für die erste Bahn. Beginnen Sie immer in einer Ecke und weg vom Lichteinfall, wie dem Fenster oder der Terrasse. Dadurch fallen die Stöße bzw. Ansätze der Bahnen später nicht so auf, wenn man das Zimmer betritt. Die erste Bahn muss **exakt im Lot** hängen (exakt gerade sein). Dies kann man anhand einer ausreichend langen Wasserwaage erkennen. Üblicherweise haben Tapeten eine genormte Breite. Für die erste Bahn ziehen Sie das Lot mit einem Bleistift an der äußeren Kante der Wasserwaage.

Sie können dafür auch eine Schlagschnur benutzen. Dies ist eine Kreideschnur, die im Lot gegen die Wand geschlagen wird und dort einen Kreidestrich hinterlässt. Gehen Sie die Breite der Rolle in den Raum hinein (vom Fenster weg) und ziehen Sie dort einen kleinen Strich. Dann legen Sie die Wasserwaage an und ziehen an der Wasserwaage entlang dünn einen vertikalen Strich. Dieser markiert die äußere Kante Ihrer Tapetenbahn.

Bevor Sie mit der ersten Tapetenbahn beginnen können, müssen Sie den entsprechenden Wandabschnitt bekleistern.

Kleister

Vliestapetenkleister gibt es schon fertig angemischt in kleineren Gebindegrößen oder als Kleister zum Anrühren. Beides ist recht unkompliziert und wenn Sie sich an die Gebrauchsanweisung halten, kann beim Anrühren eigentlich nur wenig schief gehen. Wenn Sie den Kleister vorbereitet haben, ist es Zeit loszulegen. Nehmen Sie den Quast und tragen Sie den Kleister direkt auf die vorbereitete Wand auf.

Empfehlenswert ist auf jeden Fall, den **Kleister satt aufzutragen**, denn nur so können Sie, ohne in Hektik zu geraten, die Tapetenbahn ausrichten. Da Tapeten trocken, saugfähig und durstig sind, wird bei zu geringem Auftrag der Kleister rasch von der Tapete aufgesogen bzw. er bindet zu schnell ab – die eingelegte Bahn anschließend zu korrigieren, ist dann nicht mehr möglich. Bitte darauf achten, dass Sie immer nur die zu tapezierende Fläche der jeweiligen Bahn (immer etwas breiter als die Rollenbreite) einkleistern. Denn wenn Sie eine ganze Wand oder Decke einkleistern, sind Sie gerade am Ende angekommen, und der anfangs eingekleisterte Bereich kann nun bereits zu trocken sein. Also noch einmal?!

Sofort wird die trockene Vliestapetenbahn **am Strich angesetzt** und von der Decke zum Boden an der Wand angebracht. Oben sollte sie 5 cm überlappen. Während man die Tapete anklebt, streicht man mit der Tapezierbürste oder dem Druckroller von oben nach unten und von der Mitte der Bahn nach rechts bzw. links außen. Prüfen Sie unbedingt, ob die Bahn an dem vorgegebenen Strich entlangläuft.

Nun haben Sie oben und unten einen **Überstand**. Drücken Sie die Tapete in die Deckenkante und markieren Sie die entstehende Schnittlinie mit dem Scherenrücken. Sie können die Tapete auch mit einer langen Tapezierschiene oder einem Rakel in die Ecke drücken und so einen Knick im Material erzielen. Ziehen Sie dann die Tapete wieder leicht ab und schneiden Sie sie vorsichtig mit einem scharfen Messer oder Cutter entlang dem Knick ab. Aber wirklich vorsichtig, denn die nasse Tapete könnte reißen. Sollte dies der Fall sein, benutzen Sie lieber eine scharfe Schere! Diesen Vorgang wiederholen Sie an der Bodenkante.

Die erste Bahn sollte nun im Lot angebracht sein. Die wichtigste Arbeit haben Sie nun hinter sich! Wenn die erste Bahn korrekt angebracht ist, kann eigentlich nur noch wenig passieren. Nun folgen die **restlichen Bahnen**. Wieder kleistern Sie die Fläche der nächsten Bahn auf der Wand ein und kle-

ben die Tapete **auf Stoß**, also bündig zur ersten an. Die Orientierungslinie ist nun die Kante der ersten Bahn! Und zwar dicht geschlossen, nicht überlappend und ohne Lücken. Um die Stöße perfekt aneinanderzutapezieren bzw. -zudrücken, gehen Sie mit einem Nahtroller noch einmal leicht über die Tapetennähte. Steckdosen und Lichtschalter, deren Abdeckungen vorher abgenommen wurden, werden übrigens einfach übertapeziert. Sobald die Tapete angeklebt ist, können die benötigten Aussparungen sehr vorsichtig mit einem Cutter ausgeschnitten werden. Selbstverständlich ist darauf zu achten, dass kein Strom durch die Leitungen fließt. Besser also: Sicherung raus!

Wichtig: Früher galt die Regel, dass man bei Raufaser überlappend tapeziert. Heutzutage wird auf Stoß tapeziert. Nur bei Außenecken oder Innenecken tapeziert man 1 cm überlappend zur nächsten Bahn.

Um die Ecke tapezieren

Üblicherweise hat ein Raum ja Ecken und Kanten. Diese möchte ich natürlich nicht aussparen. Wenn Ihre Bahn zufälligerweise 1 cm breiter ist, als die Fläche zwischen der letzten Bahn und der Kante, haben Sie Glück! Die Bahn muss nicht auf die richtige Breite beschnitten werden. Sie tapezieren in die Ecke hinein und gehen dann noch 10 mm um die Ecke herum. Tapezieren Sie keine Bahn komplett um die Ecke. Ist die Wand schief, wird auch die Kante der Bahn schief und die nächste Bahn somit auch. Die nächste Tapetenbahn wird in diesem Ausnahmefall auf den 1 cm Überschuss angebracht, jedoch nicht bis zur Ecke! Die Tapete könnte hier eine unschöne Kante bilden. Dies gilt insbesondere bei Außenkanten. Also achten Sie bitte auch hier auf das Lot.

Decke tapezieren

Glücklicherweise werden Decken heutzutage seltener tapeziert, da sie kaum beansprucht werden. Sollten Sie Ihre Decke trotzdem tapezieren wollen, suchen Sie sich am besten einen Tapezierpartner. Das Decketapezieren funktioniert wie das Tapezieren der Seitenwände.

Die Decke wird vor allen anderen Wänden tapeziert. Auch hier arbeiten Sie von der Fensterseite, also der Lichtquelle, weg. Die Tapete sollte am Übergang zu den Wänden ca. 1 cm überstehen. Zeichnen Sie also Ihre **Decken-Hilfslinie**, an der sich die innere Tapetenkante später orientiert, mithilfe einer Wasserwaage 1 cm schmaler, als die Bahn gerade ist. Tragen Sie den Tapetenkleister mit einer Rolle auf den entsprechenden Deckenabschnitt auf. Dann legen Sie die Tapete, beginnend in der Ecke der Fensterfront, entlang der Markierung in das Kleisterbett. Genau wie die Wandtapete wird diese nun mit einem Roller oder einer Tapezierbürste von innen nach außen und von einem Ende zum anderen festgedrückt. Für Decken gibt es speziellen, stärker klebenden Kleister. Oder Sie verbessern die Klebkraft, indem Sie das Mischverhältnis von Kleister und Wasser ändern (siehe Packung).

Sonderfall Rapport bzw. Mustertapete

Mustertapeten sind natürlich immer etwas Besonderes und schön anzuschauen. Aber wie das mit den schönen Dingen des Lebens so ist, steckt auch etwas mehr Arbeit dahinter. Hier ist es wichtig, auf den Rapport, also das Muster der Tapete, und den entsprechenden **Versatz und Anschluss** zu achten. Bevor Sie die Wand einkleistern, müssen Sie erst einmal schauen, wo das Muster der ersten Bahn endet, und wie das Muster der zweiten Bahn angelegt werden kann. Daher nicht alle Bahnen auf die gleiche Länge zuschneiden, sondern erst einmal prüfen und vermessen! Leider ergibt das oft einen großen Überschuss.

Meistens wird nicht gleich ein ganzer Raum, sondern nur eine Wand mit Mustertapete eingekleidet. Daher gilt in diesem Fall die Regel, „von der Lichtquelle weg zu tapezieren", nicht. Beginnen Sie mit der **ersten Bahn in der Mitte der Wand** und tapezieren Sie zu beiden Seiten weg. Das ergibt das beste Ergebnis. Ansonsten ist der Ablauf wie beim klassischen Tapezieren mit Vliestapete.

Tapeten ausbessern

Schadhafte Stellen an Tapeten sehen alles andere als schön aus. Leider ist es manchmal schwierig, diese zu flicken. Wenn Sie sich also entschieden haben, ein Bild oder Regal umzu-hängen, und Ihnen jetzt Löcher bzw. Schäden entgegen-schauen, gehen Sie folgendermaßen vor:

Schneiden Sie aus der mustergleichen Tapete ein etwas grö-ßeres rechteckiges Stück aus als das, welches Sie reparieren wollen. Legen Sie dieses Stück auf die beschädigte Stelle und fixieren Sie es mit einem **rechteckigen Gegenstand**. Schnei-den Sie mit dem Cutter entlang dem Gegenstand, sodass Sie sowohl die Tapete an der Wand als auch das neue Stück auf die gleiche Größe geschnitten haben. Jetzt legen Sie das **Ersatzstück** zur Seite und entfernen Sie das beschädigte Tapetenstück von der Wand. Wenn es nicht von alleine abge-hen möchte, nehmen Sie einen Spachtel zur Hilfe.

Vermutlich werden in der Wand Löcher vorhanden sein. Die-se sollten Sie mit Spachtelmasse schließen (lesen Sie dazu das Thema „Löcher füllen" auf Seite 50).

Wenn die Masse getrocknet ist, tragen Sie auf die Wand **Bordürenkleber bzw. Tapetenkleister** auf und fügen das passgenaue Ersatzstück ein. Die Tapete muss sehr gut ange-drückt werden und Kleberreste müssen entfernt werden. Im Idealfall sollten Sie jetzt die gesamte Wand, aber zumindest sollten Sie das Tapetenstück und den Bereich darum herum in der passenden Farbe streichen.

Löcher in der Raufasertapete reparieren

Man hat sich schnell verbohrt. Doch kleine unschöne Löcher in einer Raufasertapete können ebenso schnell rückgängig gemacht werden. Um die Struktur der Raufaser nachzuahmen, füllen Sie das Loch z. B. mit Watte auf. Dann überstreichen Sie es mit der passenden Farbe. Geschafft, das war doch ganz einfach!

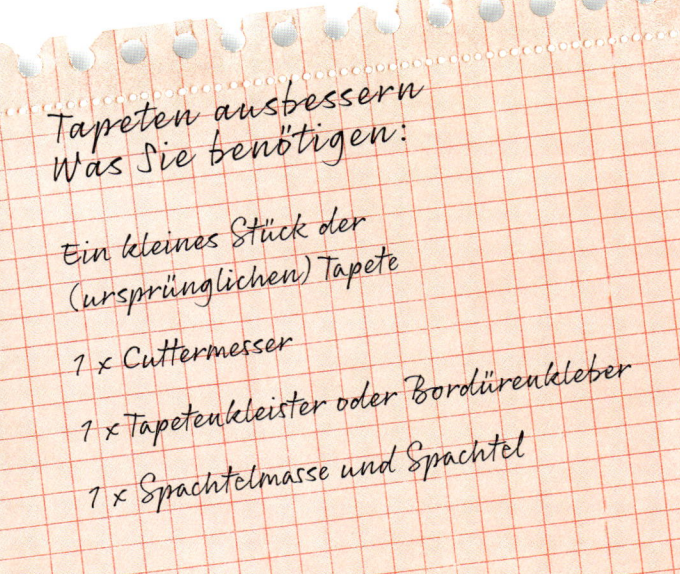

Tapeten ausbessern
Was Sie benötigen:

Ein kleines Stück der
(ursprünglichen) Tapete

1 × Cuttermesser

1 × Tapetenkleister oder Bordürenkleber

1 × Spachtelmasse und Spachtel

Micks Tipp:

Sollte eine größere Fläche beschädigt sein, gibt es im Baumarkt sogenannte Raufaser-Reparaturspachtelmasse. Diese ist mit groben Papierschnipseln versehen und ahmt die raue Oberfläche nach. Sie wird direkt aus der Tube auf die Wand gegeben und dort mit einem Spachtel verteilt.

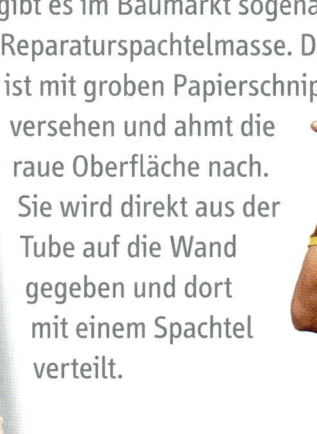

Farbe

Nach dem Tapezieren folgt üblicherweise das Streichen, und wie immer ist auch hier eine gute **Vorbereitung** die halbe Miete. Ziehen Sie Sich unbedingt alte Kleidung an, da es immer, auch bei kleineren Ausbesserungen oder Flächen, zu Farbspritzern kommt. Vor dem Streichen Steckdosen und Lichtschalter abnehmen und abkleben. Wenn Wände vollflächig gestrichen werden sollen, ist es wichtig, Fußleisten, Heizungsrohre und andere Gegenstände vor Farbe zu schützen. Es gibt verschieden breites **Klebeband**, das dafür zum Einsatz kommen kann. Hier ist auf Qualität zu achten! Lassen Sie sich im Baumarkt oder Fachhandel beraten.

Als Grundfarbe bevorzuge ich persönlich Altweiß, da Reinweiß schnell eine Krankenhausatmosphäre erzeugen kann. Farben kann man sich im Baumarkt nach Belieben anmischen lassen. Mein Tipp ist jedoch, zu einem Farbenfachhandel zu gehen und sich beraten zu lassen. Günstig ist nicht immer gut. Oft ist die Deckkraft von billigen Farben nicht ausreichend. In so einem Fall können Sie gleich mehrere Male streichen und müssen dementsprechend mehr Farbe kaufen und Zeit aufwenden. **Fazit: Lieber eine gute Farbe mit hoher Deckkraft** kaufen und dadurch Zeit und Geld sparen.

Soll der vorhandene Bodenbelag nicht erneuert werden, ist es ganz wichtig, diesen durch ein Vlies oder eine **Abdeckfolie** zu schützen. Ich kann hier nur zu einem dickeren, reißfesteren Malervlies raten. Folien eignen sich meiner Meinung

nach nur zum Abdecken von Möbeln oder anderen Gegenständen während einer Renovierung.

Vor dem Streichen gibt es noch eine **wichtige Regel: Mischen**, mischen und noch mehr mischen! Farbe muss immer gut durchgemischt werden, da sich die Pigmente nach einer Standzeit am Boden absetzen. Andernfalls erhalten Sie kein gleichmäßiges Farbbild. Ich hoffe, Sie haben nach der Vorbereitung noch Power, denn jetzt geht es in die Arme!

Materialcheck:

1 x Malerrolle (groß und klein)

Farbe

alte Kleidung

Malervlies

Klebeband

Pinsel

Rührstab bzw. alte Holzleiste o. Ä.

Strahler

> **Hinweis:** Bitte beachten Sie, dass Farbe ungleichmäßig trocknet. Es kann also sein, dass die Wand scheckig erscheint. Abwarten! Erst am nächsten Tag bei Bedarf überstreichen.

Streichen

Wenn Sie die Ecken und Kanten mit einer kleinen Rolle oder einem kleinen Pinsel vorgestrichen haben, gehen Sie über zur großen Wandrolle. Nehmen Sie mit dieser genug Farbe aus dem Eimer auf. Durch das anschließende Abrollen auf dem Abrollgitter wird die Farbe gleichmäßig verteilt. Man sollte immer in den Eimer hinein abrollen, damit die Farbe in den Eimer spritzt. Für ein **deckendes Ergebnis** sollten Sie immer ordentlich Farbe auf der Rolle haben und die Rolle nicht zu fest gegen die Wand drücken.

Entscheiden Sie sich für eine Seite und streichen Sie Bahn für Bahn von oben nach unten und von links nach rechts – und nicht kreuz und quer. Es ist sehr wichtig, dass ausreichend Licht vorhanden ist, um einen ungleichmäßigen **Farbauftrag** zu erkennen.

Wenn die Florhärchen der Rolle beginnen sich aufzurichten, ist es höchste Zeit, neue Farbe zu aufzunehmen.

Möchte man einen strukturierten Wandbelag, z.B. Raufaser, streichen, benötigt man eine langflorige Malerrolle. Es gibt nämlich auch hier feine Unterschiede bei der Wahl der **richtigen Rolle**.

Kurzflorige Malerrollen verwenden Sie für glatte Wandbeläge oder direkt für grundierten Putz. Für ein kraftsparendes Arbeiten ist es zu empfehlen, eine **Teleskopstange oder Malerverlängerung** zu verwenden. So hat man auch im oberen Wandbereich keine Probleme.

Wenn Sie die Streicharbeiten unterbrechen müssen und erst am nächsten Tag weiterarbeiten können, sollten Sie die Farbrollen und Pinsel in eine Plastiktüte legen und diese mit Klebeband luftdicht verschließen. Ihr Malerwerkzeug kann so nicht austrocknen und ist bis zu 2 Tagen lang weiterhin zu gebrauchen.

Nicht ganz verbrauchte Wandfarbe sollte, bevor man den Eimer mit dem Deckel verschließt, zuvor mit einer Plastiktüte abgedeckt werden. Farbreste am Eimer oder Deckel können dazu führen, dass ein luftdichtes Verschließen des Gefäßes nicht möglich ist. Die Farbe trocknet daraufhin schneller aus.

Micks Tipp:
Manchmal ist es auch möglich, einen Besenstiel zu verwenden und die Rolle mit Klebeband daran zu befestigen.

Rahmen, Balken oder Streifen

Ich finde es schön, Wände mit Farbe aufzupeppen. So wirkt der Raum nicht steril, sondern je nach Farbe beispielsweise warm oder frisch. Für einen **schöneren Wandabschluss** kann man um eine farbige Fläche herum einen weißen Rahmen planen. Eine andere interessante Abwechslung sind farbige Balken, die sich senkrecht oder waagerecht über eine Wand ziehen.

Das Wichtigste für ein sauberes Ergebnis ist das **richtige Abkleben**, doch beginnen wir ganz am Anfang. Wenn Sie sich für einen Wandstreifen entschieden haben, messen Sie diesen mit einer Wasserwaage aus und zeichnen dann den Streifen mit einem sehr dünnen Bleistiftstrich an. Der Streifen wird dann so abgeklebt, dass man den Bleistiftstrich noch ganz knapp sehen kann. Das Klebeband muss so gut wie möglich angedrückt werden. Dann streichen Sie mit der Wandgrundfarbe einmal innerhalb des abgeklebten Feldes über den Abklebestreifen. Dadurch werden kleine Lücken geschlossen. Die Farbe muss nun komplett trocknen.

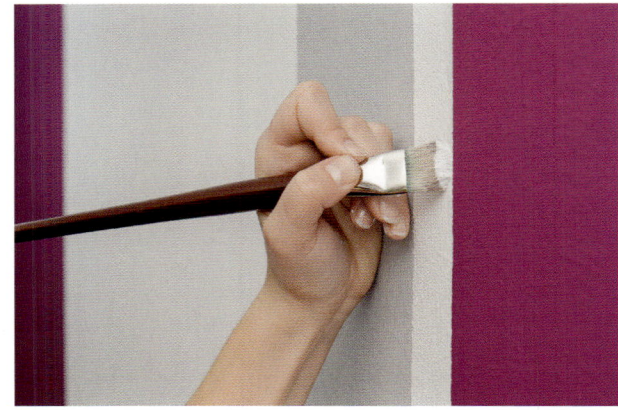

Wenn die Farbe trocken ist, können Sie mit der gewünschten Farbe den abgeklebten Bereich bis zum Klebeband ausmalen. Dann werden die Klebestreifen langsam eng an der Wand abgezogen. Lassen Sie die Klebebänder nicht zu lange an der Wand haften, da sie Lösemittel enthalten können, die den Untergrund ablösen. Und voilà haben Sie einen perfekten geraden Streifen ohne Nasen. Das Verfahren bei einem Rahmen um die gesamte Wand herum ist dasselbe.

Anstelle von Farbe kann man auch Acryl zum Schließen der **kleinen Unebenheiten im Abklebeband** verwenden. Dies empfiehlt sich besonders bei Raufaser. Das Acryl sollte sehr fein mit den Fingern verteilt werden und vor dem Streichen trocknen.

Wandgestaltung mit dem Effektschwamm

Wenn Sie lieber mit Effekten arbeiten möchten, ist das natürlich auch kein Problem. Eine Möglichkeit, die Wand mit Effekten zu gestalten, bieten sogenannte Effektschwämme. Diese erhalten Sie in jedem Baumarkt oder Fachhandel. Hier sind Ihrer Kreativität keine Grenzen gesetzt. Ob leichte oder intensive Effekte gewünscht sind, mit dieser Technik bringen Sie Ihren eigenen Stil an die Wand.

Damit die Effekte besonders gut zur Geltung kommen, sollte die Wand im gewünschten Farbton glänzend vorgestrichen werden. Sobald die Wand getrocknet ist, können Sie loslegen. Falls Sie noch etwas Tapetenrolle übrig haben, rate ich dazu, erst einmal auf dieser **verschiedene Schwünge** zu üben. Sie können in geraden oder wellenförmigen Linien mit kurzen oder langen Schwüngen arbeiten. Hauptsache Sie entscheiden sich für eine Variante und bleiben möglichst genau bei dieser. Bei Bedarf lassen sich einzelne Wandabschnitte mit einem feuchten Schwamm abwischen und korrigieren.

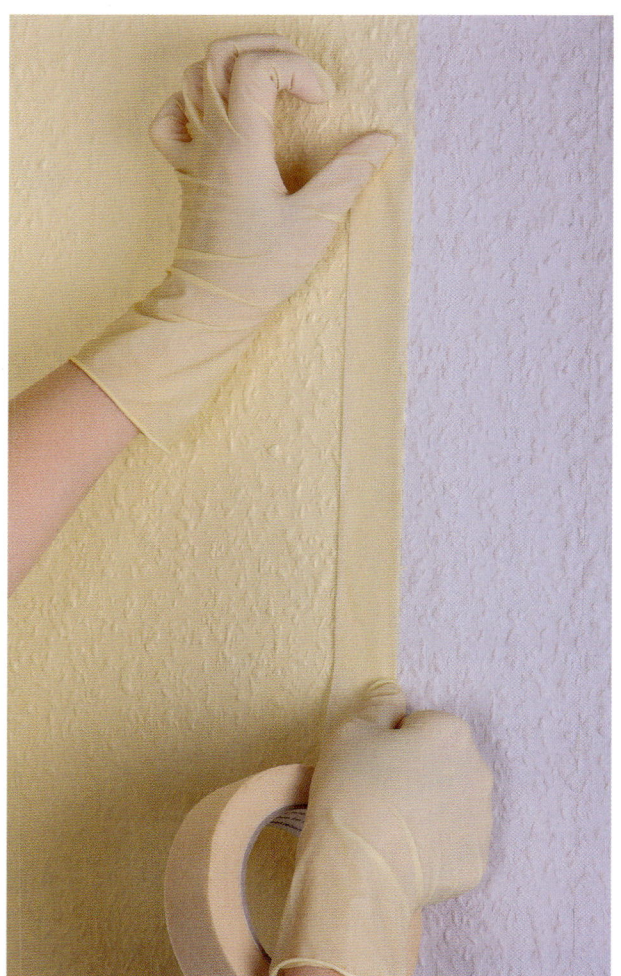

Wandgestaltung mit dem Naturschwamm

Den Naturschwamm hatten Sie sicherlich schon einmal in der Hand. Sogar einige Kindergärten haben den Naturschwamm zum Basteln für sich entdeckt und lassen Kinder damit Tupf-bilder gestalten. Bei der Wandgestaltung können Sie mit die-ser Technik **interessante Farbmuster** erzielen, egal ob auf Raufaser, glatten Wänden oder Strukturtapete.

Genau wie bei der Technik mit dem Effektschwamm, ist es auch hier sinnvoll, den Untergrund im gewünschten Farbton glänzend vorzustreichen. Die Farbe sollte erst vollkommen trocken sein, bevor Sie mit der **Tupftechnik** beginnen.

Feuchten Sie dann den Schwamm leicht mit Wasser an und benetzen Sie ihn auf der Tupfseite mit Farbe. Überschüssige Farbe sollten Sie entfernen, damit das Ergebnis gleichmäßig wird.

Auch hier rate ich dazu, die Technik erst auf überschüssiger Tapete oder Pappe zu üben. So sehen Sie, welcher Druck zu welchem Ergebnis führt. Ich spreche da aus Erfahrung; mein **erster Versuch** ging nämlich schief und ich musste die gesamte Wand neu streichen.

Beginnen Sie nun, die Wand **kreuz und quer** in unregelmä-ßigen Abständen mit dem Naturschwamm leicht abzutupfen, bis das gewünschte Ergebnis erreicht ist. Und schon haben Sie eine Wandgestaltung, bei der Sie sicher sein können, dass sie weltweit einzigartig ist.

Wandgestaltung mit der Wickeltechnik

Für die Wickeltechnik benötigen Sie zwar, besonders bei großen Flächen, etwas Zeit und Geduld, Sie erzielt damit aber ein besonders schönes Ergebnis. Bei Häusern, die um die Jahrhundertwende entstanden sind, wurde diese Technik oft in Treppenhäusern eingesetzt. Wegen der Farbe und des Musters werden Verschmutzungen oder Unebenheiten in der Wand sehr gut kaschiert.

Genau wie bei den anderen Techniken sollten Sie die Wand zuerst mit einer **glänzenden Grundfarbe** vorstreichen. Die Grundfarbe muss in diesem Fall nicht der Wickeltechnikfarbe entsprechen, sie sollte allerdings auch nicht stark von ihr abweichen.

Als **Wickeltuch** eignen sich verschiedenste Stoffe: Leder-, Jute- oder Baumwolllappen, je nachdem, wie fein oder grob Sie die Struktur gerne hätten.

Am besten machen Sie auch bei dieser Technik einen **Probegang** auf überschüssiger Tapete und probieren die verschiedenen Materialien aus. Diese sind ja glücklicherweise günstig in jedem Supermarkt zu kaufen. Sie können natürlich auch einfach ein altes T-Shirt verwenden.

> **!** Hinweis: Damit Sie sich nicht völlig einsauen, rate ich Ihnen zu Handschuhen! Bei dieser Technik bleibt sonst kein Millimeter Ihrer Hände sauber.

Micks Tipp:

Diese Technik eignet sich z. B. auch zur Gestaltung eines Himmels an der Zimmerdecke. Streichen Sie die Decke dafür in einem hellen Blauton vor. Auch in diesem Fall würde ich um die hellblaue Decke herum einen weißen Rahmen stehen lassen, damit der Abschluss zu den anderen Wänden weich bleibt. Wenn Sie jetzt mit einem weißen Wickel über die blaue Decke gehen, entsteht eine schöne Wolkenstruktur. In einem Kinderzimmer könnten Sie noch weiße Leuchtsterne anbringen. Dann hat Ihr Sprössling tagsüber einen Sommerhimmel und nachts eine Sternendecke.

Nun aber zu der eigentlichen Technik. Waschen Sie das Tuch vor Gebrauch mit klarem Wasser aus und wringen Sie es ausführlich aus. Tunken Sie das **Tuch in die gewünschte Farbe** und verteilen Sie diese gleichmäßig durch Wringen und Drehen. Dann knäueln Sie das Tuch zusammen und formen aus ihm eine Rolle. Setzen Sie sie an der Wand an und rollen Sie ab. Dies wiederholen Sie jetzt über die gesamte Fläche. Je öfter Sie die Farbe auftragen, umso gleichmäßiger und feiner wird das Ergebnis.

> **!** Übrigens: Anstatt eines Tuchs können Sie auch einen Effektroller aus dem Baumarkt oder Fachhandel benutzen.

Mit Schablonen die Wand verzieren

Um eine flächig gestrichene Wand aufzupeppen, können Sie mit Schablonen **Muster** an die Wand bringen. Wenn Sie eine glatte Wand vor sich haben, ist dies natürlich etwas einfacher als bei Struktur- oder Raufasertapete.

Im Baumarkt oder Fachhandel gibt es Schablonen für jeden Geschmack und jedes Alter. Die **Auswahl** ist riesig. Bei größeren Mustern ist das Motiv meist aus einer Klebefolie ausgestanzt. Das Motiv kleben Sie einfach auf die Wand und malen es dann nach Belieben aus. Und sollte trotzdem nichts für Sie dabei sein, können Sie sich zu Hause Ihre individuelle Schablone basteln oder aus dem Internet Vorlagen downloaden und ausdrucken. Sie sollten dabei darauf achten, dass das verwendete Material nicht zu wasserempfindlich ist und sich der Wand anpassen kann.

Damit das Ergebnis ebenmäßig wird, arbeite ich mit der **Tupftechnik**. Profis können auch mit einem Airbrush-Gerät arbeiten. Wenn Sie allerdings nur ein kleines Wandgemälde zaubern möchten, reichen Tupfschwamm oder -pinsel definitiv aus.

Der **Untergrund** des Gemäldes sollte trocken sein, bevor Sie mit den Schablonen beginnen. Kleben Sie die Schablone so fest wie möglich an die Wand. Wenn die Schablone einen selbstklebenden Rücken hat, wunderbar, wenn nicht, kleben Sie die Ecken mit **Abklebeband** fest.

Füllen Sie etwas Farbe in eine Farbwanne und benetzen Sie den Schwamm oder Pinsel mit dieser. **Überschüssige Farbe** muss immer entfernt werden, um zu verhindern, dass sie hinter die Schablone läuft. Tupfen Sie die ausgestanzte Fläche von außen nach innen aus. Achten Sie dabei darauf, eine gute, nicht zu dünnflüssige Farbe zu verwenden.

Sobald Sie das Muster ausgefüllt haben, ziehen Sie die Folie von der Wand. Fertig ist Ihr persönliches Wandgemälde! Sollten Sie die Schablone noch einmal benutzen wollen, achten Sie darauf, dass sich **keine Farbreste** mehr auf der Rückseite befinden.

Micks Tipp: Besonders für Kinder und Jugendliche sind Wandschablonen geeignet. So können sie gemeinsam einen regnerischen Tag bunt gestalten. Bäume, Blumen und Schmetterlinge lassen sich so einfach an die Wand bringen.

Was Sie benötigen:

1 x Schablone

1 x Stupfpinsel oder

1 x Stupfschwamm

Farbe

Kleine Farbenkunde

Jetzt wissen Sie zwar, wie man streicht, aber welche Farbe für Sie die richtige ist, sollten Sie erst nach diesem Abschnitt entscheiden! Die unterschiedlichen Wirkungen von Farben kann wohl kaum jemand leugnen, und obwohl es natürlich Trends gibt, sollte man nicht jedem hinterherrennen. Farben können uns beflügeln und stimulieren, aber auch beruhigen und entspannen.

Rot, Gelb und Blau sind die Primärfarben. Diese können aus keinen anderen Farben gemischt werden, erzeugen aber alle anderen Farben. Der **Farbkreis** besteht aus den **Primär-,** aber auch aus **Sekundärfarben:** Violett (Blau und Rot), Grün (Gelb und Blau) und Orange (Rot und Gelb). Die Farben, die sich im Farbkreis gegenüberliegen, wie z. B. Grün und Violett, heißen **Komplementärfarben**. Sie haben eine ausgleichende Wirkung.

Diese **Wirkung** können Sie sich bei der Raumgestaltung zunutze machen. So ist es z. B. sinnvoll, bei einer violetten Wand mit einer grünen Dekoration, wie Bilderrahmen, zu arbeiten. Die Farben verstärken sich gegenseitig und wirken in Kombination harmonisch.

Je nachdem, ob Sie einer Farbe Schwarz oder Weiß beimischen, verändert sich die Sättigung in Heller oder Dunkler. Bei der Kombination von zwei Farben sollten Sie darauf achten, dass Sie einen ähnlichen **Tonwert bzw. Sättigungsgrad** wählen.

Die Farben sollten jedoch nicht nur unter sich stimmig sein, sondern auch dem gewählten Raum entsprechen. So unterscheidet man z. B. zwischen **warmen und kalten Tönen**. Rot- und Orangetöne lassen ein Zimmer wärmer wirken, verkleinern den Raum aber auch. Das Gegenteil gilt für Blau- und Grüntöne. Diese wirken kühler, lassen aber, bei hellen Nuancen, einen Raum höher und größer erscheinen. Ein besonders harmonisches Ergebnis ergibt sich allerdings aus der Kombination von warmen und kalten Farben.

Im folgenden Abschnitt möchte ich Ihnen einige Farben und deren Wirkung, sowohl für den Raum als auch für die Seele, näherbringen. Sie müssen sich schließlich mit der Farbe in Ihren vier Wänden wohlfühlen.

Micks Tipp:

Ich verwende immer eine Grundfarbe und maximal zwei Begleitfarben, damit der Raum stimmig wirkt.

Natürlich kann man, wenn man nicht auf Schwarz verzichten möchte, einige Akzente mit entsprechenden Möbeln oder der Dekoration setzen. Ich würde diese jedoch nur in einer **Kombination mit anderen kräftigen Farben** empfehlen. Kräftige Farben wirken durch das Schwarz noch intensiver.

Grau

Grau ergibt sich aus der Mischung von Schwarz und Weiß und es wirkt weder kalt noch warm. Zur Raumgestaltung ist dieser Ton, dank seiner **Flexibilität**, wunderbar geeignet. Allerdings sollte man auch hier auf Unterbrechung und auf Farbakzente achten. Eine weiße Kommode sieht vor einer grauen Wand sicherlich besser aus als vor einer weißen.

Der **neutrale Charakter** von Grautönen kann die starke Ausstrahlung anderer Farben dämpfen und so ihre Wirkung unterstützen. Durch die Zugabe einer Rotnuance in eine graue Farbe erhalten Sie einen warmen Schlammton. Dieser kann Räume behaglich und gemütlich wirken lassen und im Wohn- oder Schlafzimmer sehr gut eingesetzt werden. Eine Unterbrechung dieser Fläche mit farbigen Bildern macht die **Gesamtkomposition** perfekt.

Weiß

Weiß soll eine klärende und reinigende Wirkung haben. In der Farbenlehre gilt Weiß als die **Abwesenheit von Farbe**. Wenn Sie viele bunte und ausgefallene Möbel haben, sollten Sie sich für einen weißen Grundton entscheiden. Vor einer weißen Wand kommen diese Gegenstände am besten zur Geltung.

Leider kann ein vollkommen weißer Raum **steril und ungemütlich** wirken. Ich mag es daher, wenn das Weiß von einer farbigen Wand oder einem Muster unterbrochen wird. Natürlich kann man anstatt mit Farbe auch mit farbigen Lichteffekten arbeiten.

Schwarz

Von Schwarz als Wandfarbe, auch wenn es sich nur auf eine Wand beschränkt, kann ich nur abraten. Schwarz lässt einen Raum **dunkel und klein** wirken. Außerdem gibt diese Farbe kaum Kraft, sondern absorbiert Energie.

Rot

Die Farbe Rot wird gerne mit Energie und Leidenschaft in Verbindung gebracht. Sie soll stimulierend und belebend wirken. Durch ihren **anregenden Charakter** kann sie allerdings auch zu Unruhe führen. Wenn Sie also schnell nervös werden, sollten Sie auf den Einsatz von knalligem Rot lieber verzichten.

Ich habe allerdings schon von Versuchen gehört, bei denen eine rot gestaltete Wand die Temperaturwahrnehmung positiv beeinflusst haben soll. Das ist natürlich ganz nett für die Heizkosten. Wie bei jeder Farbe, gibt es auch bei Rot **viele Abstufungen** und so wirkt z. B. ein sanftes Weinrot in der Kombination mit Beige nicht überfrachtend, sondern angenehm. Wenn Sie eine kleine Hausbar oder Theke haben, kann ich ein Bordeauxrot empfehlen. Dies soll anregend wirken, und wer führt nicht gerne anregende Gespräche?

Räume, in denen Rot dominiert, wirken kleiner und gemütlicher. Dies gilt besonders für erdige Rottöne, die die **Behaglichkeit steigern** und „erdend" wirken. Ob Sie in Ihren eigenen vier Wänden eher ein Ketchup-Rot oder ein Orangerot bevorzugen, ist natürlich Ihrem Geschmack überlassen.

Orange

Orange wird durch die Mischung von Gelb und Rot erzielt. Auch dieser Farbe werden viele positive Eigenschaften zugesprochen. So soll sie z. B. die **Kreativität anregen** und Freude sowie Leistungsbereitschaft fördern. Das klingt doch schon mal sehr gut! Außerdem gehört Orange, wie auch Gelb und Rot, zu den warmen Farben und wirkt somit behaglich und wärmend.

Ich denke, dass Orange dank seiner anregenden Eigenschaften besonders gut in ein Arbeits- oder Jugendzimmer passt. Natürlich in einer abgeschwächten Form und nicht vollflä-

chig. Orange kann bei einem vollflächigen Einsatz schnell erdrückend wirken.

Mir persönlich gefällt die Kombination von einem hellen Grau und einem satten Orange sehr gut. Wenn man dann noch warme Lichteffekte einsetzt, erzielt man eine gemütliche Atmosphäre. Auch die **Kombination** zu Grün finde ich sehr schön. Diese Kombination wirkt frisch und belebend. Denken Sie nur an einen Orangenbaum! Alleine die Farbkombination ist herrlich, vom Geschmack frischer Orangen mal ganz abgesehen.

Übrigens: Orange soll den Appetit anregen und die **Geselligkeit begünstigen**. Es ist also auch eine tolle Farbe für die Küche und den Essbereich. Es sei denn, Sie versuchen sich gerne an Diäten, da ist Appetit ja bekanntlich eher kontraproduktiv.

Wem ein kräftiges Orange zu stark wirkt, der kann natürlich auch zu **weniger grellen Nuancen**, wie einem erdigen Orange, greifen. Wenn Sie in einer Familie oder Partnerschaft leben, in der es immer hoch hergeht, kann Orange auch zu aufregend und intensiv wirken. In diesem Fall sollte man eher zu ruhigeren Tönen greifen.

Gelb

Gelb zählt zu den wärmenden Farben; es ist ja auch die Farbe der Sonne. Es soll aufmunternd, anregend und energetisierend wirken und einen starken Einfluss auf unsere Emotionen haben. Man geht davon aus, dass Gelb trotz seiner **emotionalen Eigenschaften** den Intellekt und die Rationalität stärkt.

Für das Schlafzimmer oder Bereiche des gemeinsamen Lebens, wie das Wohnzimmer, ist Gelb eher ungünstig. Es wirkt schnell zu grell und kann Schlafstörungen erzeugen. Ideal kann es jedoch im Arbeits- oder Kinderzimmer einge-

starker Eifersucht soll Grün beruhigend wirken. Wenn Sie also gerade aus einer Trennung kommen und sich räumlich neu orientieren, könnte diese Farbe den Heilungsprozess unterstützen.

Als **Kombination** empfiehlt sich Violett oder Pink, aber auch bei allen anderen Farben ist Grün ein dankbarer Partner. Denken Sie nur an eine bunte Blumenwiese! Auch der Kontrast von Weiß zu Grün wirkt lebendig und harmonisch.

setzt werden. Es steigert die Konzentration und Aufnahmefähigkeit. Auch das Badezimmer oder die Küche sind ideale Einsatzorte. Die leuchtende Farbe steigert Ihre Energie, und so starten Sie munter in den Tag. Auch in dunklen Fluren können Sie mit Gelb und einer entsprechenden Beleuchtung schöne Sonnen-Akzente setzen.

Genau wie andere grelle Farben, wirkt Gelb bei flächigem Einsatz jedoch schnell erdrückend und soll dann Egoismus fördern. Auch hier ist eine gelungene **Kombination** mit anderen Tönen das A und O. Besonders ansprechend und harmonisch wirkt die Kombination von Gelb und Blau, Grau oder Metall. Die angenehme Kühle dieser Farben wirkt entspannend und bezwingt die Dominanz, die von Gelb ausgeht.

Grün

Grün ist die Farbe des Lebens. Sie suggeriert Naturverbundenheit und steht für **Gleichgewicht und Harmonie**. Wie unser Garten oder Wald, gibt diese Farbe uns Ruhe und erfrischt die Seele. Grün wird sogar eine heilende Wirkung zugesprochen.

Ich persönlich mag diese Farbe, da sie nahezu überall einsetzbar ist. Man spürt quasi die Harmonie und Ruhe, die von ihr ausgeht. Wenn ich nach einem längeren Arbeitstag nach Hause komme, möchte ich mich entspannen und erst einmal den Arbeitsalltag hinter mir lassen. Dafür ist Grün ideal. Da Grün aus Gelb und Blau entsteht, ist es eine Mischung aus kalten und warmen Farben. Je nachdem, ob der kalte oder warme Anteil dominiert, ist die Wirkung von Grün unterschiedlich.

Da man Grün eine **ausgleichende Wirkung** zuspricht, die das Urteilsvermögen verbessern soll, ist es besonders für Räume geeignet in denen diskutiert wird oder schwere Entscheidungen getroffen werden. Sogar bei Liebeskummer oder

Wandfarbe sehr beliebt, da es Unruhezustände lindern und Schlafprobleme lösen soll. Beim Aufstehen ist diese Farbe jedoch nicht hilfreich. Prinzipiell sollte Blau nicht in der Umgebung von Menschen eingesetzt werden, die zu Depression und Erschöpfung neigen. Diese Farbe könnte die Kraftlosigkeit verstärken.

Blau ist nicht immer leicht mit anderen Farben kombinierbar. Im Zusammenspiel mit Weiß oder Silber wird sein kühler Charakter verstärkt. Räume wirken frisch und clean. Warme Töne wie Orange und Gelb ergeben jedoch schöne **Kontraste** und können dem kühlen Charakter von Blau entgegenwirken. Um einen Raum auch mit einem dunkleren Blauton weiter wirken zu lassen, sollte die farbige Fläche nicht raumfüllend sein, ein breiter Streifen tut es auch. Alternativ können Sie auch die Fensterwand streichen.

Violett

Violett ist wie Grün eine Mischung aus warmen und kalten Tönen. Es soll ausgleichend und regenerierend wirken und das innere Gleichgewicht verstärken. Violett ist eine sehr weibliche Farbe und wird in einem reinen Männerhaushalt wohl eher keinen oder nur wenig Platz finden.

Blau

Blau ist eine kühle, beruhigende und intensive Farbe. Sie steht sowohl für **Entspannung und Harmonie** als auch für Vitalität und Frische. Besonders wir Männer fühlen uns zu Blau hingezogen. Ob es dabei um helle oder dunkle Töne geht, ist Nebensache.

Durch einen hellen Blauton können Sie Bewegung in Ihre Räume bringen und Dynamik erzeugen. Blau eignet sich besonders, um kleine und beengte Räume größer erscheinen zu lassen. Hellblaue Räume sind ideal für hitzige Menschen, die leicht erregbar und nervös sind. Blaue Räume schaffen einen **Ausgleich** und beruhigen das Gemüt. Was die Damen unter Ihnen vermutlich freut: Blau soll die Kommunikation fördern! Was die Herren unter Ihnen vermutlich freut: **Sachlichkeit** und gedankliche Präzision in der Kommunikation stehen im Fokus. Das klingt doch nach guten Zeiten!

Doch wieder zurück zur Gestaltung. Blau ist, genau wie Grün, sehr vielseitig und hat in **Kombination** mit Weiß eine aufhellende Wirkung. Besonders im Schlafzimmer ist Blau als

Violett wirkt besonders schön und beruhigend bei gediegenen Räumen mit dunklem Holzboden. Um die dunkle Atmosphäre abzuschwächen, sollte man zusätzlich allerdings mit weißen Elementen, wie Fenster- und Türrahmen oder Möbeln, arbeiten. Ein besonders schöner und satter **Kontrast** entsteht in Kombination mit Grün oder, um im selben Farbraum zu bleiben, mit hellen Rosatönen.

Ein sehr kräftiges Violett wie Indigo sollte bei der Raumgestaltung nur für **dezente Akzente** in einem sonst eher hellen Raum verwendet werden, der von Weiß- und Grautönen dominiert wird. Durch seine beruhigende Wirkung ist auch diese Farbe gut für das Schlafzimmer geeignet. Besonders interessant für Diät-Liebhaber: Violett zügelt den Appetit!

Braun

Braun gehört zu den Naturfarben und ist eine Mischung aller Farben des Farbkreises. Es symbolisiert die Erde und gibt uns ein Gefühl von **Wärme und Behaglichkeit**. Besonders im Winter wirken warme Brauntöne einladend und gemütlich.

Genau wie Grautöne wirken Brauntöne nicht für sich allein, sondern sie benötigen den **Kontrast** zu anderen Farben. Auch Braun ist daher eine geeignete Hintergrundfarbe für bunte Möbel.

Wegen des eher unauffälligen, ruhigen Charakters von Braun, kann man Brauntöne überall in der Wohnung einsetzen. Dunkle Töne wirken dabei kompakt und fest, helle Töne eher belebend und leicht. Da ich aus dem Schreiner-Handwerk komme, fühle ich mich dieser Farbe stark verbunden. Mir gefällt sie allerdings am besten bei naturfarbenen Möbeln oder bei schönen Dielenböden.

Bilder aufhängen

Wenn Ihre Wände gestrichen sind, können Sie endlich Ihre Kunstwerke aufhängen. Wenn ein Bild nur eine Aufhängung hat, ist das Anbringen kinderleicht und unproblematisch. Bei leichten Bildern reichen Nägel, wobei vor dem **Aufhängen** natürlich zu prüfen ist, ob der Nagel fest in der Wand sitzt.

Bei schwereren Gemälden sollten Sie auf eine Dübel-Schrauben-Verbindung zurückgreifen. Dafür lesen Sie am besten den Abschnitt „Schrauben" in den Grundlagen (s. S. 26).

Faustregel: Je größer der Rahmen, desto größer muss der Nagel bzw. die Schraube sein.

Etwas komplizierter wird es allerdings, wenn Sie mehrere **Bilder in einer Reihe** anbringen möchten. Messen und notie-

ren Sie hierfür die Abstände der Aufhängungen, die sich auf der Rückseite der Bilderrahmen befinden, zur Ober- und Außenkante. Halten Sie das erste Bild, an dem Sie sich orientieren möchten, an die Position, an der Sie es aufhängen möchten. Zur Bestimmung des späteren Bohrlochs markieren sie die Ober- und Seitenkante des Bilderrahmens mit einem kurzen, zarten Bleistiftstrich.

Über die **Markierungen** und die aufgeschriebenen Maße können Sie nun Punkte für die späteren Bohrlöcher der anderen Bilder bestimmen. Bei zwei Aufhängungen müssen die Bohrlöcher selbstverständlich in der Waage liegen. Dazu benötigen Sie eine Wasserwaage, da sowohl der Boden als auch die Decke schief sein können.

Nun müssen Sie ausmessen, wie weit die Bilder voneinander entfernt hängen sollen. Diese Maße müssen **übertragen** werden.

Jetzt rechnen Sie einfach:

Abstand vom Bohrloch zur Außenkante des 1. Bildes
+ Abstand zwischen den Bildern
+ Abstand zwischen Außenkante und Bohrloch des 2. Bildes

Die Gesamtlänge vermessen Sie mit einem Zollstock und einer Wasserwaage und bohren nun das zweite Loch auf gleicher Höhe des ersten Loches. Ich würde mich in solch einem Fall niemals aufs Augenmaß verlassen. Das geht vielleicht noch bei zwei Bildern, bei fünf kommen Sie aber mit Garantie ins Schlingern.

Das gleiche Prinzip wie beim Bilderaufhängen gilt auch für Regale.

Micks Tipp:
Es gibt spezielle Bilderwasserwaagen, bei denen Markierungshilfen gegeben sind, um bestimmte Abstände einzubehalten.

Sendung
Bilder aufhängen

Böden

Die Möglichkeiten der Boden-
gestaltung sind, genau wie die der
Wandgestaltung, unglaublich
groß. Vom kleinen Portmonee bis
zur Luxusausstattung ist so ziemlich alles möglich. In diesem
Kapitel möchte ich Ihnen daher
einige Grundlagen zum Verlegen
sowie zur Reparatur der gängigen
Bodenbeläge näherbringen.

Bodenbelag

Welcher Bodenbelag gehört wohin? Bei diesem Thema gehen meine Meinung und die der Hersteller auseinander. Immer wieder gibt es neue Holz- und Laminatbodenbeläge, die mit „Aquastop" und „wasserabweisend" beworben werden. Meiner Erfahrung nach haben Holz und Unterarten von Holz, wie Laminat, in Nassbereichen wie der Küche oder dem Bad nichts verloren. Spritzer, die beim Waschen, Spülen oder im Eingangsbereich durch nasse Schuhe entstehen können, dringen mit dem Schmutz durch die Lackschicht in das Holz ein. So können unschöne Flecken oder gar Laufwege im Boden entstehen.

Natürlich sind **Echtholz-Dielen** wunderschön. Doch diese Schönheit will auch gepflegt und verwöhnt werden. Behalten Sie daher immer im Hinterkopf, dass **bei starker Nutzung die Pflegeintensität steigt**. Wenn Sie also ein Familienhaushalt mit Kindern im besten Sandkasten- und Spielalter sind, würde ich mit dem Verlegen eines hochwertigen Echtholzbodens noch ein paar Jahre warten. Auch Laminat kann trotz Aquastop bei häufigem Wasserkontakt aufquellen oder durch kleine Steinchen im Schuh unschöne Kratzer bekommen.

Daher meine **Faustregel**: In das Bad, die Küche und den Eingangsbereich gehören Fliesen oder PVC-Boden! Die anderen Wohnräume können Sie ganz nach Ihrem Geschmack mit Holzdielen, Laminat oder Teppich ausstatten. Achten Sie nur darauf, dass Sie dort keine nassen Schuhe tragen. So ersparen Sie sich den Ärger unnötiger Ausbesserungen. Und glauben Sie mir: Wer nicht hören will, muss schneller sanieren, als ihm lieb ist.

Unebenheiten im Boden

Ein Belag sollte prinzipiell auf einem ebenen Boden angebracht werden, um Löcher, Dellen oder gar Hohlräume zu vermeiden. Leider ist das Nivellieren bzw. Ausgleichen des kompletten Bodens komplizierter und sollte unbedingt unter zu Hilfenahme eines Profis oder erfahrenen Heimwerkers durchgeführt werden! Kleine Dellen oder Löcher können Sie natürlich, genau wie bei der Wand, selbst ausgleichen.

Unebenheiten, die 2 mm überschreiten, sollten ausgeglichen werden. Dafür können Sie **Reparaturmörtel** benutzen. Bei größeren Flächen sollten Sie Bodenausgleichsmasse verwenden. Um spätere Dehnungsrisse zu verhindern, sollten Sie um die gesamte Fläche eine **Dehnungsfuge** von ca. 15 mm planen. Diese können Sie mit Randdämmstreifen sichern.

Bevor Sie die **Bodenausgleichsmasse** auf dem Boden verteilen, muss der Boden mit Haftgrund behandelt werden.

Setzen Sie nun die Bodenausgleichsmasse in einem Mörteleimer an und rühren Sie das Gemisch mit einer Bohrmaschine und einem passenden Aufsatz (Rührstab) durch. Sobald die Masse cremig ist und keine Klümpchen mehr aufweist, kann sie verteilt werden. Die Masse wird nun direkt auf den Boden gegossen. Natürlich ist es bei einer solchen Arbeit besonders wichtig, dass Sie gleichmäßig arbeiten. Starten Sie daher in einer Ecke des Raumes und arbeiten Sie sich langsam vorwärts.

Sobald der Boden bedeckt ist, können Sie die Masse mit einem **Gummiwischer** oder einer **Glättkelle** verteilen. Die Bodenmasse sollte sich jetzt von selber gleichmäßig ausbreiten. Um Luftbläschen zu verhindern, sollten Sie den Boden entlüften. Dafür kämmen Sie die Bläschen mit einem Besen heraus. Nun können Sie den Raum verlassen. Es ist mal wieder, wie so oft beim Heimwerken, Warten angesagt. Also trinken Sie ein Käffchen oder lesen Sie eine Zeitschrift.

Nach ca. zwei Stunden kann der Raum wieder betreten werden. **Testen** Sie erst vorsichtig den Untergrund. Wenn er noch nicht fest ist, warten Sie noch einmal eine Stunde. Sobald der Boden fest und trocken ist, können Sie die überstehenden **Dämmstreifen** mit einem Cutter abschneiden. Lassen Sie noch einen Tag vergehen, bevor Sie mit dem Belegen beginnen.

Bodenlack

Ein Trend, der sich mittlerweile in vielen modernen Wohnungen findet, ist das **Lackieren von Betonböden**. Ich weiß, das klingt auf den ersten Blick etwas karg und kalt, aber mit Farbe lassen sich Betonböden dekorativ und effektvoll gestalten. Dieser Trend passt natürlich besonders gut in ein modernes Loft oder zum **Industrie-Style**. Hat man einen frischen Betonboden vor sich, sollte man sechs bis acht Wochen warten, bis dieser ausgetrocknet ist, bevor man ihn weiter behandelt. Wenn man einen älteren Boden lackieren möchte, muss man zur Vorbereitung den Altanstrich sorgfältig mit einem Hochdruckreiniger reinigen und anschließend trocknen lassen. Selbstverständlich muss der Boden vor dem weiteren Bearbeiten von Staub und Schmutz befreit werden.

Bevor der Boden in der endgültigen Farbe gestrichen werden kann, gibt es noch den **Grund- und Voranstrich**. Um den Boden abzusperren, wird die gesamte Fläche mit einem lösemittelhaltigen **Tiefengrund** behandelt. Dafür wird der Tiefengrund mit einer Farbrolle gleichmäßig auf dem Boden verteilt. Halten Sie sich dafür bitte immer genau an die Herstellerangaben. Der Tiefengrund gewährleistet, dass der Boden gefestigt wird, sich die feinen Poren im Beton schließen und keine Feuchtigkeit bzw. Farbe in die Poren eindringen kann. Lassen Sie den Boden nun für ca. zwölf Stunden trocknen. Eine perfekte Aufgabe also für den späten Nachmittag, damit Sie am nächsten Morgen frisch erholt wieder ans Werk gehen können.

Auf den Grundanstrich folgt der **Voranstrich**. Hierfür verwenden Sie die gewünschte Betonfußbodenfarbe, die zu ca. 30 Prozent mit Wasser verdünnt wird. Auch diese wird gleichmäßig auf dem Boden verteilt und sollte vor dem Endanstrich trocknen. Je nach Untergrund braucht man für den Endanstrich ca. **zwei bis drei Lackiergänge**. Tragen Sie die Farbe großzügig auf dem gesamten Boden auf und verteilen Sie sie kreuz und quer mit einer Farbrolle. Zum Abschluss gehen Sie noch einmal in geraden, überlappenden Bahnen über den Lack. Und nach etwas Arbeit und einigen Lackiergängen haben Sie Ihren individuellen Bodenbelag!

Micks Tipp:

Ein dunkler Bodenbelag in Kombination mit einer hellen Wandgestaltung kann einen Raum höher und weiter erscheinen lassen.

Laminat

Laminat bietet besonders bei kleinem Portmonee viele Vorteile. Es ist nicht nur recht **unkompliziert** zu verlegen, sondern auch **pflegeleicht** und in vielen Varianten erhältlich. Somit ist auch der Preisspielraum enorm groß. Schon für kleines Geld erhält man eine große Auswahl. Vor ca. 30 Jahren gab es Laminat nur in den Standardausführungen „Buche" oder „Birke", also als klassischen hellen Holzoptikbelag. Heute werden nicht nur nahezu **alle Holzarten** nachgebildet, sondern **sogar Muster- oder Fliesenoptik** sind möglich.

Wenn Sie nur einmalig Laminat verlegen, kann es sinnvoll sein, die Werkzeuge, die Sie nicht im Hause haben, bei Freunden oder im Baumarkt oder Fachhandel auszuleihen. Das ist sicherlich günstiger, als alle Werkzeuge neu zu kaufen.

> **!** Hinweis: Das Laminat sollte erst aus der Verpackung geholt werden, wenn Sie es tatsächlich verlegen. Ansonsten ist es möglich, dass es feucht wird oder andere Schäden bekommt. Daher niemals offenes Laminat über mehrere Monate hinweg in einem Keller oder einer Garage lagern. Der ideale Zeitpunkt zum Auspacken ist 48 Stunden vor dem Verlegen bei normaler Raumtemperatur. So kann sich das Holz am besten akklimatisieren.

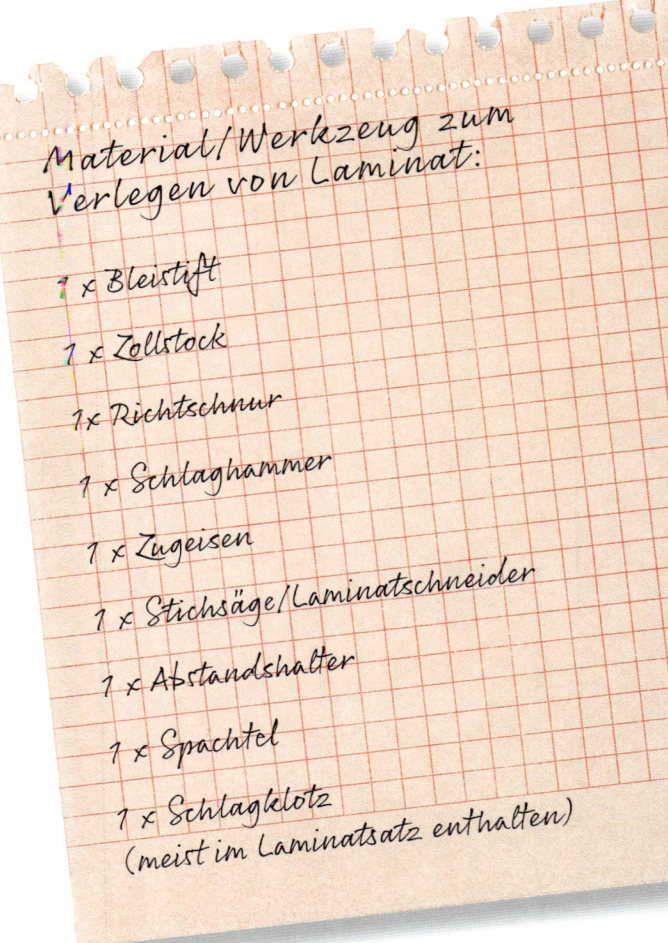

Material/Werkzeug zum Verlegen von Laminat:

1 x Bleistift

1 x Zollstock

1 x Richtschnur

1 x Schlaghammer

1 x Zugeisen

1 x Stichsäge/Laminatschneider

1 x Abstandshalter

1 x Spachtel

1 x Schlagklotz
(meist im Laminatsatz enthalten)

Laminat verlegen

Ich rate Ihnen zu **Klick-Laminat**. Und vermutlich werden mir da fast alle Heimwerker zustimmen. Die Handhabung ist besonders einfach. Somit ist auch die Verlegung von Klick-Laminat schneller als die bei anderen Laminatsystemen. Klick-Laminat verfügt über eine mechanische Verbindung, die ein fugenfreies Verlegen möglich macht und dadurch einen besseren Schutz gegen Feuchtigkeit und Schmutz bietet. Beim Kauf sollten Sie darauf achten, dass das Laminat mit einem **Feuchtigkeitsschutz** versehen ist. Außerdem ist es empfehlenswert, ein Komplettsystem zu kaufen. Hierbei ist sichergestellt, dass alle Komponenten aufeinander abgestimmt sind.

Die einzelnen Dielen werden nicht verleimt und benötigen **keine Befestigung am Boden**. Daher kann man das Laminat zu einem späteren Zeitpunkt, z. B. beim nächsten Umzug, einfach wieder herausnehmen und in der neuen Wohnung verlegen. Und natürlich können auch einzelne Elemente, die meist das Format 20 x 130 cm haben, bei Beschädigung einigermaßen unkompliziert ausgetauscht werden.

Laminat kann sowohl auf Estrich als auch auf alten Bodenbelägen verlegt werden. Wichtig ist, dass der Untergrund trocken, sauber, eben und fest ist.

Bevor Sie mit dem Verlegen anfangen, sollten Sie auf dem Boden eine 0,2 mm dicke **PE-Folie** zum Schutz vor Feuchtigkeit auslegen. Die Bahnen sollten den Boden um ca. 20 cm überragen. So können Sie sie mit Klebeband an der Wand fixieren. Auch die einzelnen Folienbahnen müssen überlappend gelegt und dann mit Klebeband verklebt werden.

Hinweis: Achten Sie beim Kauf auf die entsprechende Beanspruchungsklasse. Die Mitgliedsfirmen des Verbandes der Europäischen Laminatfussbodenhersteller e.V. (EPLF) haben hierfür einheitliche Symbole herausgebracht.

Auf die PE-Folie folgt die **Trittschalldämmung**. Die Bahnen werden, genau wie die späteren Dielen, längs von der größten Lichtquelle weg verlegt und miteinander verklebt. Wenn das Laminat selbst bereits gedämmt ist oder Sie es auf Teppichboden verlegen möchten, können Sie auf die extra Dämmung verzichten.

Bevor Sie mit dem Verlegen des Laminats beginnen, müssen Sie die genaue **Breite der letzten Laminatreihe** berechnen. Diese sollte eine Breite von 5 cm nicht unterschreiten. Beachten Sie dabei, dass zwischen Wand und Dielen ein Abstand von 12 mm eingehalten werden sollte. Dieser Abstand dient später als Bewegungs- bzw. Dehnungsfuge. Somit kann sich das Laminat bei Temperatur- oder Feuchtigkeitsänderungen ungehindert ausdehnen und nimmt keinen Schaden.

Nun kann mit dem **Verlegen des Laminats** begonnen werden. Wie schon erwähnt, sollten die einzelnen Dielen längs von der Lichtquelle weg verlegt werden. Legen Sie die erste Paneele an die Wand. Die Feder, also die Seite mit der Vertiefung, sollte dabei zur Wand zeigen. Vergessen Sie dabei auf keinen Fall den 12 mm-Abstand. Sie können ihm mit Abstandshaltern zwischen Wand und erster Paneele sicherstellen.

Für gewöhnlich entspricht die Länge des Zimmers nie der **Länge der Paneelen**, die darin verlegt werden. Daher müssen die Paneele am schmalen Ende auf die richtige Länge zugesägt werden. Sollte die Wand, an der die erste Reihe verlegt

wird, schief sein, können Sie den Wandverlauf mithilfe eines Abstandshalters markieren und die Dielen an der Längsseite entsprechend zusägen.

Wenn die erste Bahn verlegt ist, orientieren sich die weiteren Paneele an dieser Bahn. Bei der **zweiten Reihe** beginnen Sie mit einem halben Paneel. Dieses muss natürlich vorher auf die richtige Länge gekürzt werden. Jetzt wird dieses Paneel einfach mit der Federseite in die Nutseite des Paneels in der ersten Reihe geklickt und dann beide Paneele vorsichtig mit einem Hammer und einem Schlagklotz ineinandergeklopft.

Das Gleiche gilt für die weiteren Paneele dieser Reihe. Auch hier müssen Sie bei dem letzten Paneel den Mindestabstand von 12 mm zur Wand berücksichtigen. Beim Sägen sollte die **Dekorseite des Laminats** nach unten zeigen. Dadurch wird das Absplittern der Kanten verhindert. Passen Sie das letzte Paneel einer jeden Reihe mit dem Zugeisen an.

Alle nun **folgenden Reihen** sollten mit dem Reststück der vorherigen Reihe beginnen, solange dieses mindestens 30 cm lang ist. Der Versatz der Paneele sollte von Reihe zu Reihe mindestens 30 cm betragen, damit ein ausgewogenes und gleichmäßiges Muster entsteht. Die Übergänge von Boden zu Wand sollten Sie mit Sockelleisten sauber abschließen. Bei Übergängen von Laminat zu anderen Bodenbelägen sind Profile ein Muss. So ergibt sich ein harmonischer **Abschluss**.

Natürlich kann es vorkommen, dass die Paneele unterbrochen werden, z. B. durch Heizungsrohre. Schneiden Sie in diesem Fall das Paneel auf die richtige Länge zu und zeichnen Sie dann die **Aussparung** auf. Die Aussparung wird ausgesägt und kann als Füllmaterial hinter dem Heizungsrohr verwendet werden.

> **Hinweis:** Es sollten nicht mehr als 8 m Laminat schwimmend (ohne Bodenbefestigung) verlegt werden. Sollte Ihr Raum also die Länge von 8 m überschreiten, müssen ca. 2 cm breite Dehnungsfugen eingeplant werden.

Kleine Schäden im Laminat ausbessern

Ein Loch im Laminat? Keine Panik, es gibt heutzutage in jedem Baumarkt oder Fachhandel fertige **Reparatursets bzw. -pasten** in den Farbtönen der gängigen Laminatböden. Diese Pasten werden einfach in das Loch gespritzt oder mit einem Spachtel aufgetragen und sauber abgezogen. Die Paste härtet im Loch aus und bekommt dann einen glänzenden Charakter. Dadurch wirkt die Oberfläche wieder glatt und unbeschädigt.

Micks Tipp:

Kleine Kratzer im Laminat kann man mit einem Geschirrtuch und Speiseöl entfernen. Einfach etwas Öl auf das Tuch geben und nach dem Reinigen die entsprechende Stelle damit polieren.

Parkett

Parkett und Echtholzdielen zählen zu den besonders edlen Bodenbelägen. Diese gibt es in vielen verschiedenen Farben und Holzarten. Das Preisniveau liegt dabei deutlich über dem von Laminat, was aber durch die höhere Qualität gerechtfertigt ist. Falls Sie also Student sind und sich gerade so mit Bafög und Minijob über Wasser halten, ist dieser Bodenbelag leider kaum erschwinglich.

Ich persönlich tendiere zu Holzböden aus heimischen Hölzern. Sie sind nicht nur schön anzuschauen, sondern ökologisch unbedenklicher als z. B. Regenwaldgehölze wie Teakholz.

Genau wie bei Laminat, gibt es auch bei Parkett Klick-Systeme. Die Verlegung ist also identisch. Wenn Sie sich für einen Parkettboden entschieden haben und diesen nun anbringen möchten, lesen Sie einfach den Abschnitt „Laminat verlegen".

Teppichboden

Teppichboden ist ein einfach zu verlegender Bodenbelag. Er verfügt über eine sehr gute Trittschall- und Wärmedämmung.

Die geläufigsten und günstigsten Teppichvarianten sind Kunststoffteppiche aus Polyamid-Flor oder Polypropylen-Flor. Diese Teppiche gibt es zwar in vielen Farben und Formen, aber unglücklicherweise ziehen sie Staub an wie das Licht die Motten.

Etwas teurer, dafür auch qualitativ besser, sind Wollteppiche. Wolle ist nicht nur antistatisch, sondern dank des Wollfettes auch Schmutz abweisend. Ich persönlich setze lieber auf Qualität als auf Quantität. Wenn man sich einen hochwertigen Teppich kauft, kann man davon ausgehen, dass er eine höhere Lebensdauer hat als das Billigmodell. Und wenn man auf zeitlos elegantes Design setzt, kann man damit kaum etwas falsch machen.

Eine weitere Möglichkeit sind Sisal- oder Kokosteppiche. Dank der robust und flach verarbeiteten Pflanzenfasern sind diese Teppiche widerstandsfähig und genau wie Wollteppiche antistatisch. Besonders für Räume mit Bodenheizung sind diese Teppiche geeignet.

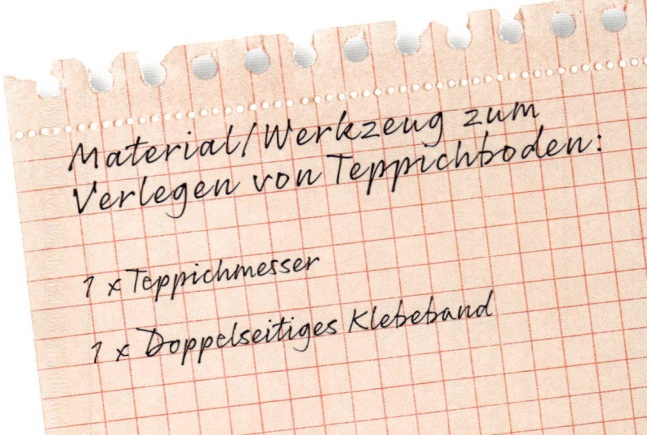

Material/Werkzeug zum Verlegen von Teppichboden:

1 x Teppichmesser

1 x Doppelseitiges Klebeband

Micks Tipp:

Einen individuellen Teppich kann man auch durch sogenannte Teppichfliesen verlegen: Die kleinen Teppichquadrate können schnell ausgetauscht werden. Die meisten Teppichfliesen verfügen über eine Klebeschicht auf der Rückseite und können so bequem auf dem sauberen Boden verklebt werden.

Teppich verlegen

Teppichverlegen ist denkbar einfach. Insbesondere in rechteckigen Räumen sollten Sie absolut keine Probleme damit haben. Jeder, der bereits einen Teppich verlegt hat, wird mir dabei wohl zustimmen. Wie bei allen anderen Bodenbelägen sollte der Boden vollständig gereinigt und trocken sein, wenn Sie mit der Arbeit beginnen. **Vermessen** Sie den Raum und lassen Sie keine Ecke aus. Ein Teppich, bei dem 20 cm in einer Fensternische fehlen, möchte schließlich niemand in seinen vier Wänden sehen.

Sie sollten den Teppich im Baumarkt oder Fachhandel auf eine **quadratische Form** zuschneiden lassen, die 20 cm länger und breiter ist als der Raum, in dem der Teppich verlegt werden soll. So haben Sie noch etwas Spiel. Natürlich ist es auch wichtig zu wissen, ob der Teppich auf einem Boden mit Fußbodenheizung verlegt wird oder auf dem nackten Estrich. Lassen Sie sich daher im Fachhandel oder Baumarkt so gut wie möglich beraten, damit Ihr Teppich den **jeweiligen Anforderungen** entspricht. Ich kann an dieser Stelle nur zu einem Teppich-Fachhandel raten, da die Verkäufer hier die meiste Erfahrung und das größte Fachwissen haben.

Während manche Teppiche vollflächig verklebt werden müssen, genügt bei anderen **doppelseitiges Klebeband**. In privaten Räumen reicht eigentlich immer das Verkleben mit doppelseitigem Klebeband. Bevor Sie mit der Arbeit beginnen, sollten Sie den Teppich **24 Stunden lang ausgepackt** in dem Zimmer liegen lassen, in dem er später verklebt wird. So kann er sich am besten akklimatisieren.

Nach der **Akklimatisierungszeit** rollen Sie den Teppich so aus, dass an allen Rändern ca. 10 cm Überstand sind. Die Teile des Teppichs, die ganz sicher zu viel sind, können schon einmal grob abgeschnitten werden. Bei **Hindernissen**, wie z. B. Heizungskonsolen, können Sie den Teppich einschneiden und diesen um das Hindernis herum hinunterdrücken.

Jetzt werden alle überschüssigen Ränder des Teppichs mit dem **Teppichmesser** entfernt. Passen Sie dabei auf, dass der Teppich nicht verrutscht! Selbst ein Verrutschen um 1 cm wäre für das Ergebnis fatal.

Wenn der Teppich richtig zugeschnitten liegt, ziehen Sie die Hälfte des Teppichs weg und kleben auf den Boden nah an der Wand und der späteren Teppichkanten doppelseitiges Klebeband. Drücken Sie das Klebeband am Boden fest und ziehen Sie die Schutzfolie ab. Jetzt können Sie den Teppich langsam und vorsichtig in seine **Endposition** zurückrollen und am doppelseitigen Klebeband fixieren. Festdrücken nicht vergessen! Wenn Sie die eine Seite verklebt haben, können Sie mit der anderen Hälfte des Raumes beginnen. Na, wenn das nicht einfach ist!

Sendung
Fachgerechtes Verlegen von Laminat und Parkett

ZDF FernsehGarten

Teppichboden entfernen

Wenn Teppichboden korrekt befestigt wurde, lässt er sich ganz einfach entfernen. Gehen Sie einfach an einer Kante des Teppichs mit einem spitzen Gegenstand, wie einem Schraubenzieher oder Spachtel, unter diesen und lösen Sie ihn. Dann ziehen Sie den Teppich von dieser Stelle aus komplett ab.

Farbflecken im Teppich

Wer kennt das nicht? Dieser Schreckmoment, in dem einem Essen, Trinken oder Farbe auf den Teppich fällt. Am besten gleich Rotwein oder sonst etwas, das kaum zu entfernen ist. Oder noch besser, Sie kommen aus dem Urlaub und der Sprössling dachte, er feiert in der Zwischenzeit mal die Party seines Lebens – natürlich mit allen Freunden und in Ihrem Haus.

Leider passiert so etwas schneller, als einem lieb ist. Doch es gibt Möglichkeiten, einen beschädigten oder befleckten Teppich wieder erstrahlen zu lassen. Für die Reparatur benötigt man allerdings zwingend ein **Ersatzstück des Originalteppichs**. Behalten Sie daher immer einen kleinen Rest, wenn Sie Teppich verlegt haben! Schneiden Sie ein **quadratisches Reparaturstück** aus dem Ersatzteppich, das etwas größer ist als der Fleck. Legen Sie dieses Reparaturstück dann in der gleichen **Florrichtung** auf den Fleck und schneiden Sie mit einem Teppichmesser entlang der Kanten bis zum Boden.

Dann lösen Sie das **verschmutzte oder beschädigte Teppichstück** aus dem Teppich.

Jetzt haben Sie ein Loch in der Größe und im Format des Reparaturstücks. Das Reparaturstück wird nun mit doppelseitigem Klebeband versehen und in das Loch eingefügt. Und voilà: Ein, zwei Mal über den Teppich streichen und er ist wieder wie neu. Auch eine schöne Strafarbeit für den Übeltäter, der sicherlich vor schlechtem Gewissen vergeht.

Brandlöcher im Teppich

Wenn eine Zigarette auf den Boden fällt und als letzte gute Tat ein Loch in den Teppich frisst, ist das natürlich ärgerlich. Wenn man nicht weiß, wie man diese Kleinigkeit beheben kann, ist es noch ärgerlicher. Damit Sie sich nicht ärgern müssen, habe ich einen kleinen Trick, durch den Ihr Teppich wieder aussieht wie zuvor.

Glücklicherweise sind Brandlöcher immer sehr klein und meistens auch rund. Daher lassen sich diese leicht mit einem Locheisen ausstanzen. Stanzen Sie mit dem gleichen Locheisen ein Loch aus dem Ersatzstück. Zugegeben: Das, was jetzt kommt, ist etwas Fummelei. Das kleine ausgestanzte Teppichteil muss so in das Loch geklebt werden, dass die Florrichtung mit der des restlichen Teppichs übereinstimmt.

Druckstellen im Teppich

Das kennen Sie sicherlich auch: Da stand das Sofa ein paar Jahre an seinem Platz und Sie hätten gerne etwas neuen Wind in der Bude und räumen um. Und was kommt zum Vorschein? Unschöne Druckstellen. Ärgerlich! Doch auch diese lassen sich leicht entfernen. Legen Sie einfach über Nacht Eiswürfel auf die Stellen. Durch die Feuchtigkeit stellen sich die Florhärchen des Teppichs wieder auf.

Micks Tipp:

Ein Kaugummi entfernt man am besten mit Eisspray (für Sportverletzungen). Sprühen Sie das Kaugummi einfach ordentlich ein. Davon wird er trocken und hart. Jetzt können Sie es mit einem Holzkeil wegkratzen.

PVC-Böden

Meinungen zu PVC-Böden könnten gegensätzlicher nicht sein. Die einen lieben die einfache Handhabung und die flexible Einsetzbarkeit, die anderen fühlen sich auf den Kunststoffböden einfach nicht wohl. Obwohl PVC chemisch hergestellt ist, ist es mehrfach recyclebar und somit nicht so schädlich, wie oft angenommen.

PVC hat gegenüber Parkett und Laminat sogar einige, nicht unerhebliche Vorteile. Es erzeugt kaum Trittgeräusche, ist schalldämmend und wasserabweisend. Außerdem kann es sehr dünn, schnell und unkompliziert verlegt werden. Ganz davon abgesehen, dass es auch noch sehr günstig in der Anschaffung ist.

Allerdings hat es auch einige gravierende Nachteile. So ist der Boden nicht nur sehr empfindlich gegen Kratzer, sondern bedarf es auch eines perfekt glatten Bodens, da man sonst schnell Hubbel und Dellen sieht. Der größte Nachteil ist jedoch, dass PVC gesundheitsschädlich sein kann, wenn es oft mit den Schleimhäuten in Berührung kommt. Daher ist dies absolut nicht mein favorisierter Bodenbelag.

Falls Sie darüber nachdenken, PVC zu verlegen, haben Sie bei der Optik eine große Auswahl. Es gibt PVC in vielen Farben und Mustern sowie in Stein- und Holzoptik.

Sendung
Beseitigung von Flecken und Kaugummi aus Teppichboden

PVC-Boden verlegen

PVC können Sie wegen seines wasserabweisenden Charakters nahezu überall einsetzen. Auch Bad oder Küche sind für diesen Boden kein Problem. Die einzige Voraussetzung ist ein gut gereinigter und ebenerdiger Boden.

PVC-Planen werden schwimmend verlegt und nur am Untergrund fixiert. Das Wichtigste ist somit das **Vermessen**. Hierbei sollten Sie sehr genau sein und keine Nische auslassen. Genau wie beim Teppich, sollten Sie den PVC-Boden im Bauhaus oder Fachhandel auf eine rechteckige Form zuschneiden lassen, die 20 cm länger und breiter ist als der Raum, in dem dieser verlegt werden soll.

Legen Sie den PVC-Boden dann im Raum aus, sodass überall ca. 10 cm **Überstand** vorhanden ist. Wenn der Boden richtig positioniert ist, benötigen Sie nur noch ein Teppichmesser zum **Beschneiden** der Ränder. Hier sollten Sie exakt vorgehen! Die ausgeschnittene Fläche wird dann genau wie ein Teppich an den Kanten mit doppelseitigem Klebeband am Boden festgeklebt. Einfacher geht es wohl kaum!

Seit einiger Zeit gibt es auch besonders flexiblen **PVC-Renovierungsboden**. Diesen kaufen Sie, genau wie Laminat oder Parkett, in zurechtgeschnittenen Paneelen, die meistens mit Klebefalzen auf der Unterseite versehen sind. Dieser PVC-Boden ist mit ca. 1 mm Stärke sehr dünn, strapazierfähig und unkompliziert. Genau wie Laminat, nur eben sehr viel einfacher und schneller, werden die PVC-Paneelen Reihe für Reihe direkt auf den Untergrund geklebt.

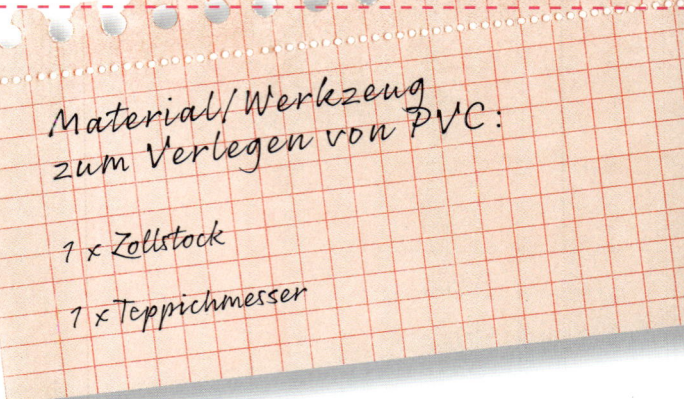

Material/Werkzeug
zum Verlegen von PVC:

1 x Zollstock

1 x Teppichmesser

PVC-Boden entfernen

Um den PVC-Boden zu entfernen, tragen Sie am besten **Knieschoner**. Diese Arbeit wird auf den Knien ausgeübt und kann schmerzhaft werden. Beginnen Sie in einer Ecke des Raumes und schneiden Sie mit einem Cutter in der Nähe der Wand einen Schlitz in das Material. Jetzt setzen Sie an der Wand in der Nähe des Schlitzes einen **Spachtel** an und gehen damit unter den PVC-Boden. Wenn nötig, mit Gewalt! Ziehen Sie den gelösten Boden zum Schlitz und versuchen Sie, ihn so weit wie möglich abzuziehen.

Da das Material zwischendurch vermutlich reißen wird, setzen Sie immer wieder von Neuem an. Im Notfall nehmen Sie den Spachtel und klopfen ihn von der Seite unter den Boden, um den Boden von der Klebeschicht zu lösen. Wenn der Boden entfernt ist, blicken Ihnen wahrscheinlich unschöne **Klebereste** entgegen. Diese löst man am besten mit Brennspiritus oder Terpentinersatz-Lösung. Befeuchten Sie die Stellen einfach mit der Flüssigkeit. Wenn die Substanz eingewirkt ist, können Sie den Kleber mit einem Besen oder Schrubber kinderleicht entfernen.

Sockelleisten anbringen

Das Thema Sockelleisten ist sehr umfassend. Zuerst einmal ist es wichtig zu wissen, dass jeder Laminat- oder Parketthersteller **Leisten in der Farbe** seines Bodenbelags anbietet. Natürlich gibt es darüber hinaus noch neutrale weiße, schwarze, braune oder graue Sockelleisten.

Sockelleisten kaschieren den **Übergang vom Boden zur Wand** und sind daher zwingend notwendig. Die Kanten eines Bodenbelags liegen für gewöhnlich niemals hundertprozentig gerade an der Wand.

Besonders unkompliziert ist das Arbeiten mit **Klipp-Sockelleisten**. Diese bieten außerdem den Vorteil, dass man später keine Nägel oder Schrauben sieht. Daher werde ich Ihnen dieses System vorstellen. Vor der Anbringung sollte der Boden natürlich vollständig gereinigt werden, damit sich später keine Wollmäuse hinter dem Sockel befinden.

Pro Meter Leiste sollten Sie zwei bis drei **Montageklipps** einplanen. Beginnen Sie in einer Zimmerecke und setzen Sie den ersten Klipp ca. 15 cm entfernt von dieser Ecke. Natürlich müssen die Klipps alle auf gleicher Höhe angebracht werden. Messen Sie daher den Abstand vom Boden zum Klipp mit einem Zollstock aus. Halten Sie den Klipp erst einmal nur an und markieren Sie durch die Aussparung im Klipp mit einem Bleistift das spätere Bohrloch.

Jetzt entfernen Sie den Klipp und bohren Sie das erste **Loch** an der markierten Stelle (siehe Bohren S. 28). Natürlich sind die Dübelbreite und -länge dabei ausschlaggebend für die Tiefe und den Durchmesser des Lochs. Wenn der Dübel in der Wand sitzt, können Sie den Klipp mit einer Schraube festschrauben.

Diese Prozedur setzen Sie jetzt für die weiteren Klipps fort. Je nach **Wandbeschaffenheit** sollten die Abstände zwischen den Klipps ca. 30 bis 50 cm betragen. Wenn alle Klipps befestigt sind und die Leisten mit einer kleinen Holzsäge abgelängt wurden, können die Leisten auf die Montageklipps gesteckt werden.

Die Leisten sind richtig angebracht, wenn die Klipps in diese eingerastet sind. Für die Ecken und Enden gibt es besondere Teile, die Sie einfach auf die Leiste oder in die Ecke stecken, um somit eine **runde Verbindung ohne Kanten** zu schaffen. Anstelle der Verbindungsteile können Sie die End- bzw. Eckleisten auch, mit einer Gehrungslade um 45° beschneiden und zu einem 90°-Winkel, also einer Ecke, zusammensetzen.

Möbel

Erbstücke tragen nicht nur stolz die Spuren vergangener Tage, sie prägen mit ihrem Stil auch ganz entscheidend das Wohnambiente. Wie Sie die guten Stücke wieder aufmöbeln können und zum Blickfang Ihrer Einrichtung machen, zeige ich Ihnen im folgenden Kapitel. Ein bisschen Lack hier, ein Klecks Farbe da, dort den Kratzer weg und die Rückwand in neue Tapete kleiden – schon Feinheiten bringen neues Leben in die alten Gesellen.

Möbel verschönern

Möglichkeiten, Möbel zu verschönern, gibt es viele. Bevor man jedoch startet, sollte man wissen, aus welchem Material das Möbelstück ist. Ich unterscheide hier sehr grob zwischen Vollholzmöbeln und lackierten oder furnierten Pressspan- bzw. MDF-Möbeln.

Lackierte oder furnierte Möbel bekleben

Bekleben ist eher etwas für lackierte oder kunststoffbeschichtete Möbel, die über eine glatte Oberfläche verfügen. Unebenheiten oder Strukturen wären in diesem Bereich ungünstig. Massivholz sollte man nicht bekleben, da Holz arbeitet und es somit zu Rissen oder Blasen in der Folie kommen kann.

Bevor Sie die Folie auf die Oberfläche aufbringen, muss diese **gründlich gereinigt** werden. Fettflecken oder Staubkörner beeinflussen die Haftung negativ und müssen daher entfernt werden. Sollte die Oberfläche des zu beklebenden Möbelstücks uneben oder bunt bzw. in einer stark von der Folienfarbe abweichenden Farbe gehalten sein, sollten Sie **eine weiße Grundierungsfolie** verwenden.

Doch jetzt zu der eigentlichen Arbeit. Vermessen Sie die zu verklebenden Flächen und zeichnen Sie diese auf der Rückseite der Folie auf. Jetzt schneiden Sie die **Folienstücke 5 mm breiter und länger** als die Grundfläche zu. Diesen Überstand können Sie später entfernen.

Jetzt bringen Sie die Folie langsam von oben nach unten an. Ziehen Sie dafür das Schutzpapier auf der Rückseite immer nur **Stück für Stück** ab. Gehen Sie während dieser Arbeit mit einem **Kunststoffrakel** über die Folie, um Blasen zu verhindern. Zum Schluss können Sie die **überstehenden Reste** mit einem Cutter entfernen.

Alte Holzmöbel in neuem Lack

Haben Sie nicht auch ein Möbelstück, bei dem der Lack langsam bröckelt und wo an der einen oder anderen Stelle schon Risse zu sehen sind? Trotzdem ist die Grundkonstruktion wunderschön und das Stück ist es wert, neu aufgemacht zu werden? Einfach die alte Farbe übermalen, geht leider nicht, das wäre ja auch irgendwie zu einfach.

Zuerst muss der **alte Lack runter**. Für große Flächen nehmen Sie am besten den Exzenterschleifer, für Kanten und kleine Flächen den Deltaschleifer. Tiefere Dellen und Kratzer können Sie, wenn das Möbelstück abgeschliffen ist, mit etwas **Holzkitt** ausbessern.

Um das Holz vorzubereiten und damit die neue Farbe später hält, lackieren Sie das gesamte Möbelstück mit **Vorstreichfarbe**. Beachten Sie dabei, dass Kanten immer zuerst lackiert werden. Bei größeren Flächen arbeiten Sie für ein sauberes und glattes Ergebnis am besten mit einer Rolle.

Micks Tipp:

Prinzipiell sollte man ein Brett oder ein Möbelstück, egal ob Spanplatte oder Echtholz, von beiden Seiten absperren bzw. lackieren. Wenn man nur eine Seite lackiert, kann es passieren, dass sich durch die Oberflächenspannung das Holz verzieht.

Sobald die Farbe trocken ist, wird es Zeit für einen weiteren **Schleifgang** mit ca. 180er Schleifpapier. Wenn Sie das Möbelstück von Staub befreit haben, können Sie mit dem Schlusslack beginnen. Evtl. muss dieser **in zwei Gängen** aufgetragen werden.

Wenn der alte Lack nicht brüchig ist oder Sie ein unbeschädigtes kunststoffbeschichtetes Möbelstück lackieren möchten, reicht es auch, das Möbelstück mit Schleifpapier mit 180er Körnung anzuschleifen, anstatt die ganze Farbe runterzuholen. So kann sich der neue Lack im alten verkrallen.

Retrolook

Wenn Sie neue Möbel antik bzw. strukturiert erscheinen lassen möchten, eignet sich hierfür ein **Maserierwerkzeug**.

Zuerst streichen Sie den Untergrund des Möbelstücks in der gewählten Farbe an. Damit der **Effekt** besonders deutlich wird, sollten Sie eine seidenmatte oder glänzende Farbe wählen.

Das vorgestrichene Möbelstück müssen Sie nun über Nacht trocknen lassen. Tragen Sie dann die gewünschte Farbe, die nicht stark vom Grundton abweichen sollte, mit einem Pinsel auf. Um die **typische Holzstruktur** zu erhalten, gehen Sie mit dem Maserierwerkzeug über die feuchte Farbe. Jetzt müssen Sie Ihr Werk nur noch austrocknen lassen.

Möbel tapezieren

Sie haben noch einen Tapetenrest mit einem Muster, das Ihnen super gefällt, oder haben im Baumarkt eine schöne Tapete gesehen, trauen sich aber noch nicht, die ganze Wand damit zu verzieren? Dann ist es Zeit, Ihre Möbel zu tapezieren! So machen Sie z. B. aus einem einfachen Schrank ein individuelles Schmuckstück.

Bevor Sie mit dem Tapezieren starten, ist es wichtig zu wissen, aus welchem **Material** das Möbelstück besteht. MDF- oder Sperrholzplatten sowie Buche- und Kiefernholz saugen Feuchtigkeit sehr stark auf. Hier ist es wichtig, die gesamte Oberfläche vorher mit **Tiefengrund abzusperren**. Wenn der Tiefengrund getrocknet ist, kleistern Sie die zu beklebende Fläche ein und drücken Sie die zurechtgeschnittene Tapete einfach fest. Zum Andrücken können Sie eine weiche Gummirolle verwenden.

Bei lackierten oder kunststoffbeschichteten Möbeln müssen Sie die **Oberfläche** evtl. anschleifen. Für einen guten Halt wird die Tapetenrückseite vollständig mit Kleister eingestrichen. Passen Sie aber auf, dass Sie nicht zu viel Kleister auftragen. Dieser schaut sonst am Rand der Tapete hervor. Sollte trotzdem überschüssiger Kleber zu sehen sein, können Sie ihn mit einem trockenen Geschirrtuch abtupfen. Wenn Sie Türen vollflächig verkleben wollen, gehen Sie mit der Tapete über die Ränder hinaus. Sobald der Kleber trocken ist, können Sie die überstehende Tapete langsam und vorsichtig abschneiden.

Sendung
Restaurieren eines Möbelstücks

ZDF FernsehGarten

Alte Möbel restaurieren und pflegen

Holzmöbel sind von Natur aus relativ pflegeintensiv. Geölte oder gewachste Flächen müssen in regelmäßigen Abständen von drei bis sechs Monaten behandelt werden. Dabei arbeitet man zuerst in kreisenden Bewegungen und zieht das Wachs oder das Öl dann in Richtung der Maserung ab. Bevor man das Holz behandelt, sollte es gesäubert werden. Dabei sollten Sie allerdings auf scharfe Reinigungsmittel verzichten.

Möbel reparieren

Bei Umzügen, Partys oder kleinen Missgeschicken kann es schnell zu Schrammen oder anderen Schäden in den Möbeln kommen. Manchmal sind diese kaum zu beheben, oft gibt es aber kleine und größere Tricks, um die Möbel wieder frisch zu machen. Bei kunststoffbeschichteten Möbeln lohnt sich eine Restauration allerdings meistens nicht.

Absplitterungen an Echtholzmöbeln

Kleine Kratzer und Risse können mit einem Wachskitt entfernt werden. Bringen Sie eine kleine Menge Wachs mit einem kleinen Spachtel und etwas Druck auf und ziehen Sie das Wachs glatt ab. Am besten lässt sich das Wachs handwarm einarbeiten, achten Sie daher auf die richtige Temperatur. Überflüssigen Kitt können Sie mit einem weichen Tuch abwischen. Wenn das Wachs ausgehärtet ist, streichen Sie die Stelle in der passenden Farbe.

Bruchstellen

Wenn Sie in Ihrem Holzmobiliar eine Bruchstelle finden, kann diese mit Holzkitt ausgebessert werden. Diesen können

Sie in verschiedenen Farben im Baumarkt erwerben. Füllen Sie die Schadstelle mit Holzkitt auf und lassen Sie ihn aushärten. Hier ist Geduld gefragt, da **Holzkitt** relativ lange trocknen muss. Das beste Ergebnis erzielen Sie, wenn Sie den Kitt über Nacht trocknen lassen, abschleifen, nochmals abspachteln und noch einmal aushärten lassen. Zum Schluss sollte noch einmal ein Feinschliff vorgenommen werden.

Dellen in unbehandelten Holzmöbeln

Wenn Holzmöbel nur eine kleine Delle haben, können Sie folgenden Trick versuchen. Feuchten Sie die Stelle mit etwas Wasser an. Durch die Feuchtigkeit quillt das Holz auf, und evtl. ist die Delle dann schon verschwunden. Sie können auch mit einem Bügeleisen über die feuchte Delle gehen und die Stelle glätten. Vergessen Sie jedoch nicht, danach Politur aufzutragen. Größere Dellen und Löcher können Sie ebenfalls mit Holzkitt ausbessern.

Kleine Kratzer im Lack

Echtholzmöbel, die mit Lack behandelt sind und kleine Flecken oder Kratzer aufweisen, können durch Möbelpolitur wieder frisch gemacht werden. Tragen Sie die Politur bzw. das Pflegemittel immer in Richtung der Maserung auf.

Nach der **Politur** sollten Sie mit einem Tuch in kreisenden Bewegungen über die Fläche reiben, bis sie glänzt. Schon sind viele kleine Unebenheiten behoben. Sie können an Stelle dessen auch sogenannte Möbel-Regeneratoren verwenden. Diese werden wie die Politur in kreisenden Bewegungen auf die Oberfläche aufgetragen.

Flecken auf geöltem Holz

Flecken auf geöltem Holz können schnell entstehen. Leider ist das Entfernen etwas aufwändiger. Flecken dieser Art müssen aus dem Holz herausgeschliffen werden. Und dann müssen Sie meist die ganze Fläche schleifen. Aber nicht zögern, ran ans Werk! Schleifen Sie den Fleck in Richtung der Maserung mit einem Schleifkissen aus dem Holz.

Tragen Sie dann mit einem Lappen großzügig **Hartöl** auf und lassen Sie es einige Minuten einziehen. Nach ca. fünf Minuten können Sie das überflüssige Öl abwischen. Nun sollte der Fleck nicht mehr zu sehen sein.

Umleimer auswechseln

Umleimer sind nahezu überall in Ihrer Wohnung anzutreffen. Es handelt sich dabei um Kunststoffbänder, die an den Kanten von MDF- bzw. Pressspanplatten oder -möbeln angebracht werden. Dadurch wird das Untermaterial versteckt und das Splittern der Kanten verhindert. Es gibt Umleimer in vielen verschiedenen Farben und Mustern.

Leider kommt es besonders an Regalkanten schnell zu Beschädigungen, durch die das Grundmaterial des Möbelstücks zum Vorschein kommt.

Wenn Umleimer an einem Ihrer Möbelstücke beschädigt sind, lassen sich diese ganz einfach austauschen. Legen Sie ein **Küchentuch** auf den beschädigten Umleimer und fahren Sie vorsichtig mit einem heißen **Bügeleisen** über das Tuch. Dadurch löst sich die Klebeverbindung und Sie können den Streifen langsam vom Möbelstück abziehen.

Bevor Sie den neuen Umleimer anbringen, sollten Sie **Kleberreste** vom Untergrund entfernen. Das Anbringen verläuft ähnlich wie das Entfernen. Legen Sie das zurechtgeschnittene Stück auf die Kante und bügeln Sie es einfach auf.

Natürlich sollte auch hier ein Küchentuch zwischen dem Bügeleisen und dem Untergrund liegen. Solange der Klebstoff warm ist, drücken Sie den Umleimer mit einem **Klotz** gut an. Wenn der Umleimer zu breit ist, können Sie die **Überstände** mit einem scharfen Stecheisen entfernen. Das sollten Sie allerdings erst tun, wenn der Kleber ausgekühlt ist.

Die **Kante** des Umleimers sollte zum Abschluss „gebrochen" werden (siehe Kanten brechen S. 18). Und schon sieht das Möbel aus wie neu.

Ausgebrochenes Scharnier reparieren

Wenn ein Scharnier aus seiner Halterung bricht, ist das äußerst ärgerlich. Manchmal sind die passenden Fronten des Möbels gar nicht mehr erhältlich und man kann die ausgerissene Tür auf den Sperrmüll bringen.

Bevor man das macht, sollte man jedoch eine Reparatur mit **Powerknete** versuchen. Powerknete ist eine Kleber-Spachtelmasse-Verbindung, die ähnlich wie Flüssigdübel arbeitet. Kneten Sie die beiden Komponenten gut durch. Wenn Sie eine feste Knetmasse haben, stecken Sie das Scharnier an seine alte Stelle und drücken die Masse um das Scharnier herum fest.

Dann lassen Sie die Verbindung aushärten. Wenn alles getrocknet ist, sitzt das Scharnier wieder fest in der Tür und die überstehenden **Knetreste** können abgeschliffen werden.

Sendung
Abgestaubt und
Aufgemöbelt

Möbel bauen:
Hängeregal aus Weinkisten

Eine simple, schnelle und trotzdem sehr schöne Möglichkeit, ein kleines Regal zu bauen, sind alte Weinkisten. Diese können Sie kostengünstig im Internet erwerben und mit den richtigen Farben in einen echten Hingucker verwandeln.

Reinigen Sie die Kisten vor der weiteren Behandlung erst einmal gründlich von Staub und Schmutz. Da das Material meist unbehandelt ist, ist ein Anschleifen nicht nötig. Sollten sich jedoch an der einen oder anderen Stelle bereits Splitter lösen, würde ich die **gesamte Kiste einmal abschleifen**. Nach dem Schleifgang kann die Kiste mit Acryllack in der gewünschten Farbe lackiert werden.

Wenn Sie noch eine bunte Rückwand für Ihr Regal gestalten möchten, messen Sie die **Innenmaße der Kiste** aus und schneiden Sie ein passendes Stück entweder aus dicker Pappe oder einer dünnen Holzplatte zurecht. Diese Rückwand können Sie nun entweder ebenfalls lackieren oder mit Stoff-, Geschenkpapier- oder **Tapetenresten bekleben**. Sprühen Sie dafür die Rückwand vollflächig ein und kleben Sie das gewünschte Material darauf auf. Dieses sollten Sie um die Rückwand umschlagen und auf der Rückseite mit Kleber oder einem Tacker fixieren. Dann können Sie Ihre Rückwand in den Kistenboden einkleben.

Wenn Sie nur leichte Gegenstände in Ihr Regal legen wollen, können Sie an der Rückwand der Kiste eine **Regalaufhängung** anbringen. Diese gibt es in jedem Baumarkt zu kaufen. Alternativ reichen auch Bilderhaken. Diese werden auf der Rückseite der Kisten mittig verschraubt. Bei schwereren Gegenständen sollten Sie lieber zwei Löcher in die Rückseite der Kiste bohren. Durch diese können Sie die Weinkiste direkt an die Wand dübeln.

Schuhregal

Schuhe spielen im Leben der Damen ja bekanntlich eine ganz besondere Rolle! Und um diesen exklusiven Stellenwert zu betonen, habe ich vor einiger Zeit im FernsehGarten eine Anleitung für ein einfaches, aber effektvolles Schuhregal vorgestellt. So sehen die Schuhe nicht nur an den Füßen, sondern auch im selbstgebauten Regal super aus.

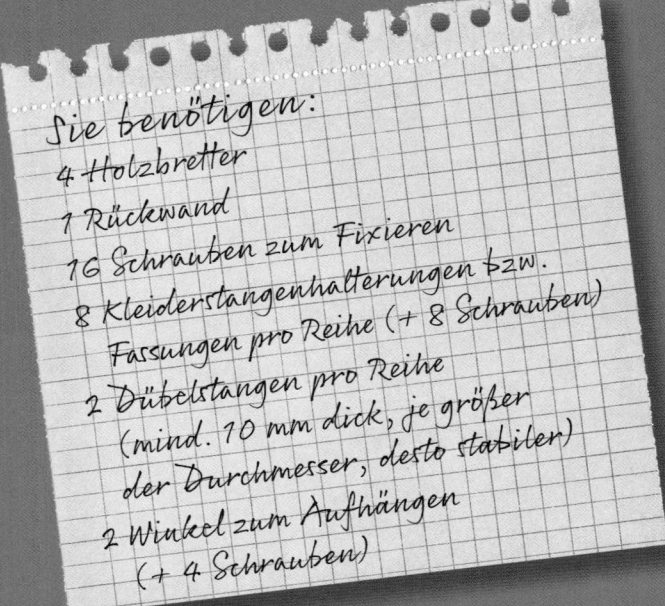

Sie benötigen:
4 Holzbretter
1 Rückwand
16 Schrauben zum Fixieren
8 Kleiderstangenhalterungen bzw.
Fassungen pro Reihe (+ 8 Schrauben)
2 Dübelstangen pro Reihe
(mind. 10 mm dick, je größer
der Durchmesser, desto stabiler)
2 Winkel zum Aufhängen
(+ 4 Schrauben)

1 Eigentlich sind Sie bei der Wahl des Formates Ihres individuellen Schuhregals völlig frei. Vermessen Sie einfach eine passende Stelle, an die das Regal gehängt oder gestellt werden soll. Ein passendes Plätzchen für Schuhe wird sich schon finden, da bin ich mir sicher.

2 Im Baumarkt können Sie die Bretter auf die richtige Länge und Breite zuschneiden lassen. Für die Regaltiefe empfehle ich, je nach Größe der Schuhe, ein Maß um die 30 cm. Die Länge bzw. Breite hängt ganz von Ihrem Platzangebot und der Anzahl der zu verstauenden Schuhe ab.

3 Bevor Sie die Bretter miteinander verschrauben, können Sie sie nach Ihren Wünschen lackieren bzw. vorbehandeln. Dazu lesen Sie einfach Seite 39.

4 Nun geht es ans Verschrauben des Korpus. Die einzelnen Teile werden stumpf miteinander verbunden. Bohren Sie dafür in die Seitenteile jeweils drei Löcher pro Verbindung vor, also bei einer Materialstärke von 19 mm ca. 9 mm knapp

unterhalb der oberen bzw. oberhalb der unteren Kante. Dabei sollten Sie darauf achten, dass die Löcher nicht zu weit außen sitzen, damit der Boden und die Decke des Regals später nicht an den Außenkanten einreißen. Durch die vorgebohrten Löcher verschrauben Sie die Teile des Regals mittig miteinander. Am besten verwenden Sie hierfür Senkkopfschrauben. Dabei sollte der Akkuschrauber stets senkrecht gehalten werden.

5 Sobald die Seitenwände des Regals mit dem Boden und der Decke fest verbunden sind, geht es an die Innenausstattung. Pro Schuhreihe bzw. Ablage werden jeweils acht Kleiderstangenhalterungen und zwei Dübelstangen benötigt. Wie viele Reihen Sie anbringen, bleibt natürlich ganz Ihnen und Ihren Platzvorgaben überlassen.

6 Die ersten vier Halterungen sollten mit einem Abstand von ca. 7–8 cm zu der Vorder- und Rückseite und natürlich auf jeweils gleicher Höhe angebracht werden. Verwenden Sie zur Bestimmung der Lage der Halterungen unbedingt ein Maßband oder einen Abstandshalter und zeichnen Sie die geplante Lage ein. Ca. 5 cm über den ersten vier Halterungen bringen Sie nun noch weitere vier Halterungen an.

7 Nun können Sie die Stangen einlegen. Wenn Sie Highheels mit der Vorderseite zur Blickrichtung einhängen möchten, legen Sie die hintere Stange in die obere Halterung und die vordere in die untere. So haben die Schuhe Halt.

8 Wenn Sie alle Halterungen angebracht haben, und das dürften bei den Damen vermutlich mehr sein als bei mir, ist es Zeit, Ihrem Werk zusätzliche Stabilität zu geben. Dafür legen Sie das Regal mit der Frontseite auf den Boden. Dabei sollten Sie immer darauf achten, dass der Boden vollständig gereinigt ist. Selbst der kleinste Krümel kann unschöne Kratzer auf Ihrem Werk hinterlassen. Evtl. sollten Sie ein Laken oder eine Decke unterlegen.

9 Sobald das Regal liegt, können Sie das Stichmaß vermessen. Dafür messen Sie quer über die Diagonalen, also von einer Ecke zur gegenüberliegenden anderen Ecke. Die beiden Längen sollten exakt gleich lang sein. Wenn die Maße nicht übereinstimmen, müssen Sie das Regal so lange in sich verrücken, bis die Maße sich decken. Sobald die Diagonalen identisch sind, sind alle Kanten im 90°-Winkel ausgerichtet.

10 Nun können Sie die Rückwand, die aus ca. 4 mm Sperrholz- oder Hartfaserplatte besteht, auf die Rückseite legen und mit kleinen Nägeln, besser aber noch mit Schrauben, fixieren. Jetzt ist Ihr Werk vollbracht.

11 Egal ob Sie das Regal auf den Boden stellen oder aufhängen wollen, Sie sollten es an der Wand fixieren. Dafür gibt es spezielle Winkel. Diese werden jeweils rechts und links in den oberen Ecken angebracht, sodass ein Winkelschenkel an der Seite festgeschraubt wird und ein Winkelschenkel an der Rückwand anliegt. Die Löcher des Winkels geben nun vor, wo in der Rückwand die Bohrlöcher für die Aufhängung entstehen. Bohren Sie diese frei, um das Regal später durch eine Dübelkonstruktion an der Wand zu fixieren.

12 Um Ihr Regal ganz individuell zu gestalten, können Sie es natürlich auch mit verschiedenen Techniken verschönern.

Wikingerstuhl

Der Stuhl hat eine lange Tradition und insbesondere ein Stuhl, den ich bereits im Fernseh-Garten vorgestellt habe: der Wikingerstuhl. Er wurde schon vor Jahrhunderten von den Wikingern aus Afrika nach Europa und Amerika importiert. Ich finde es wirklich beeindruckend, wie zeitlos manche Gegenstände sind. Und dieser Gegenstand ist nicht nur zeitlos, sondern hat auch viele andere Vorteile. Der Wikingerstuhl ist bequem, variabel einsetzbar und wenn man ihn verstauen möchte, ist dies äußerst platzsparend möglich. Ach ja, und sollte Onkel Willi, der gerne mal ein, zwei Bier trinkt und Steaks isst, zu Besuch kommen, ist der Stuhl auch noch sehr belastbar. Mit etwas Geschick kann man aus ihm ein richtiges Kunstwerk machen. Sie wollen sich einmal an einem eigenen Stuhl versuchen? Dann legen wir los, es ist gar nicht so schwer.

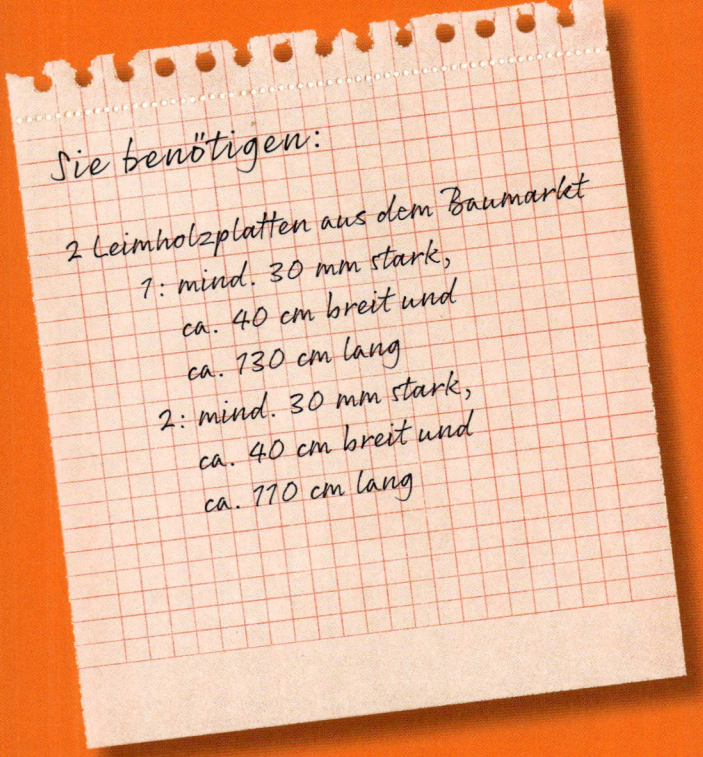

Sie benötigen:

2 Leimholzplatten aus dem Baumarkt
  1: mind. 30 mm stark,
      ca. 40 cm breit und
      ca. 130 cm lang
  2: mind. 30 mm stark,
      ca. 40 cm breit und
      ca. 110 cm lang

1 Aus der längeren der beiden Platten bauen Sie die Rückenlehne. Zuerst sägen Sie mit einer Stichsäge aus dem Fußbereich eine konkave Fläche aus, sodass der Stuhl später nicht auf der ganzen Kante, sondern auf zwei Füßen steht. Dadurch wird die Standfestigkeit erhöht.

2 Um den Stuhl später zusammenzustecken, bedarf es außerdem einer Aussparung für die Sitzfläche. Diese Aussparung wird genau mittig zwischen den Seitenkanten und ca. 40 bis 50 cm über der Unterkante eingeplant. Sie sollte jeweils um etwa 2 mm breiter sein als die Stärke und Länge der anderen Platte, also ca. 32 mm hoch und 182 mm lang. Nachdem Sie diese mit der Stichsäge ausgesägt haben, können Sie auch schon zum anderen Teil, nämlich der Sitzfläche, übergehen.

3 Die Sitzfläche soll später ca. 40 x 40 cm groß sein. Dafür messen Sie an einem Ende der zweiten Platte 40 cm in der Länge aus und setzen eine Markierung. Nun sägen Sie an dieser Stelle von beiden Außenkanten aus 110 mm tief zur Mitte ein. Die verbleibenden 180 mm sind für die Stütze, die später durch die Aussparung geschoben wird.

4 Sie können nun vom anderen Ende aus beginnen, die Stütze auszusägen. Dafür sägen Sie ebenfalls von den Seitenkanten jeweils 110 mm weit in Richtung Mitte, setzen hier Ihre Markierung und sägen bis zur Sitzfläche jeweils eine Gerade. Übrig bleibt die 180 mm breite Stütze, die später durch die Aussparung geschoben wird und so dem Stuhl die typische Form gibt.

5 Damit das Holz glatt ist und Sie sich nicht an den Kanten verletzen, brechen Sie nun alle Kanten und schleifen diese ordentlich ab. Ich weiß, das ist eine langwierige Arbeit, aber im Ergebnis wird es sich lohnen!

6 Um den Sitz noch etwas bequemer zu machen, können Sie die Kanten und Ecken der Sitzfläche abrunden oder ebenfalls stark brechen. Das ist angenehmer für die Kniekehlen.

Tipp: Wenn der Wikingerstuhl draußen genutzt wird, sollte das Holz lasiert werden (s. S. 150). Wird er im Innenbereich aufgestellt, reicht normales Ölen (s. S. 43).

Sendung
Herstellung eines
Wikingerstuhls

Küche

Da die Küche in vielen Haushalten der Mittelpunkt des Alltagsgeschehens ist, möchte ich auch zu dieser ein paar Zeilen schreiben. Ich erinnere mich noch ziemlich genau daran, wie die Küche in meiner Studentenbude aussah – nämlich alles andere als schön. Vor allem in erster Linie funktional. Und das war nicht nur bei mir, sondern bei nahezu allen Freunden der Fall. Naja, früher waren die Wohnungen auch noch etwas mehr zusammengewürfelt als heutzutage. Jetzt gibt es ja dank schwedischer Möbelhäuser viele Möbel wesentlich günstiger. Trotzdem zählen Küchen zum kostenintensiveren Mobiliar und manchmal können wir eine Eiche-rustikal-Küche aus der gefühlten Steinzeit mit ein paar Tricks wieder modern und anschaulich gestalten.

Arbeitsflächen

Auch wenn sich Echtholzplatten oder Steinplatten wunderbar anfühlen und sie genauso gut aussehen, sollte man bei der Arbeitsfläche lieber auf Spanplatten mit Kunststoffüberzug zurückgreifen. Diese sind **kratzfest, wasserabweisend und schmutzunempfindlich.** Holzarbeitsplatten sind sehr pflegeintensiv und empfindlich gegen Flecken. Trotz Lackierung dringt der Schmutz von Tassen oder das Spritzwasser vom Spülbecken in das Holz und hinterlassen Spuren, die nur mit Schmirgelpapier bekämpft werden können. Auch bei Steinplatten sieht es ähnlich aus. Stein ist sehr weitporig und nimmt Verschmutzungen daher schnell auf. Entfernt bekommt man sie nur schlecht.

Wenn Ihre alte Platte also ihre besten Zeiten hinter sich hat und nur von Flecken oder Kratzern geziert wird, ist es Zeit für eine neue! Die Auswahl an Platten im Baumarkt ist riesig, von dunkel bis hell, in Holz-, Muster- oder Fliesenoptik ist so ziemlich alles dabei.

Bevor Sie Ihre Arbeitsplatte aussuchen, sollten Sie zuhause **die exakte Größe** der späteren Platte ausmessen. In den meisten Baumärkten können Sie die Platten auf die richtige Größe zuschneiden lassen. Vergessen Sie dabei nicht den Ausschnitt für die Spüle und das Kochfeld. Wenn Sie die Platte zuhause zuschneiden wollen, sollten Sie von der Rückseite aus sägen. So vermeiden Sie Splitter und Ausreißer.

Bevor die Platte angebracht werden kann, müssen die Unterschränke alle auf die gleiche Höhe justiert werden. Verwenden Sie dafür auf jeden Fall eine Wasserwaage. Ansonsten bekommen Sie später Probleme beim **Ausrichten der Türfronten.** Wenn alle Schränke korrekt ausgerichtet sind, bilden sie eine perfekte Auflagefläche für die Arbeitsplatte.

Legen Sie nun die Platte auf und schauen Sie, ob auch wirklich alles korrekt ausgesägt wurde. Dann fixieren Sie zunächst die **Platte mit Schraubzwingen an den Unterschränken**, um sie anschließend mit Schrauben in der richtigen Länge zu verbinden. Zum Abschluss dichten Sie alle Übergänge der Platte zur Wand, zur Spüle oder zum Kochfeld mit Silikon ab. Bitte arbeiten Sie hier sorgfältig, damit später kein Wasser eindringen kann.

Möglicherweise ist noch eine Schnittkante sichtbar. Diese sollten Sie mit **Umleimer** in der Farbe der Platte bekleben. Umleimer erhalten Sie im Baumarkt passend zur Ihrer Platte. Heutzutage haben diese meist einen selbstklebenden Rücken und müssen nicht mehr verleimt werden. Schneiden Sie einfach ein passendes Stück zurecht und fixieren Sie es an der Schnittkante. Jetzt können Sie mit einem Bügeleisen über das Material gehen. So verklebt sich der Umleimer mit der Platte.

Die Überstände des Umleimers entfernen Sie mit einem scharfen Stechbeitel oder Stecheisen. Schleifen Sie die Kanten anschließend mit Schleifklotz und Glättpapier ab (Kanten brechen).

Für all diejenigen, die auf den Metall-Look stehen: Es gibt auch Metallleisten, mit denen die Arbeitsplatten verbunden (auch im rechten Winkel) oder abgeschlossen werden können.

> **!** *Hinweis: Die ideale Arbeitsflächenhöhe liegt etwas unter Ihren angewinkelten Ellenbogen, also bei ca. 85 bis 95 cm. Dabei kann die Arbeitsplattenhöhe für ein rückenschonendes Arbeiten auch schon bei 100 cm liegen.*

Micks Tipp:

Falls Sie nur eine kleine Arbeitsfläche benötigen, gibt es im Baumarkt oft Restposten bis zu ca. 1,50 m Länge. Diese sind wesentlich günstiger!

Küche

Küchenschränke verschönern

Küchenfronten lassen sich mit etwas Geschick und Geduld leicht mit **Klebefolien** aufpeppen. Diese gibt es sowohl im Baumarkt als auch im Internet. Da Küchenfronten allgemein stärker genutzt werden, sollten Sie auf Stoß-, Temperatur- und Kratzfestigkeit der Folien achten. Die Hersteller geben diese üblicherweise auf der Verpackung an.

Da es über dem Herd zu sehr hohen Temperaturen kommen kann, sollten die Klebefolien außerdem bis zu 75° C **hitzebeständig** sein. Wenn Ihre Hängeschränke über ein Standardmaß verfügen, können Sie viele Muster bereits zugeschnitten erwerben. Ansonsten können Sie die Folien aber auch unkompliziert mit dem **Cutter und Zollstock** zuschneiden. Auf eine Schere sollten Sie verzichten, damit keine Fransen entstehen. Wenn Sie die Türen vollflächig verkleben wollen, sollten Sie zusätzlich zur Breite der Kanten **3 cm Überstand** lassen. So können Sie die Folie bequem über den Rand bis zur Rückseite hinaus verkleben.

Bevor Sie die Türen bekleben, sollten Sie sie abmontieren und die Griffe abnehmen. Natürlich ist es notwendig, die Türen vor der Beklebung gründlich mit Reinigungsmitteln zu reinigen und anschließend trocknen zu lassen! Jedes Staubkorn oder Haar, das sich unter der Folie befindet, wird später sichtbar sein.

Micks Tipp:

Da die Folie meistens auf Rollen aufgewickelt ist, sollten Sie sie am Abend vor dem Verkleben auf einer ebenen Fläche oder dem Boden ausrollen und dann beschweren. Das erleichtert Ihnen am nächsten Tag die Arbeit.

Bevor Sie Ihre Küchenfront bekleben, schneiden Sie die einzelnen Teile aus der Folie zu. Viele Folien können auf eine feuchte Fläche geklebt werden. In solch einem Fall sprühen Sie die zu bearbeitende Front ganz leicht mit Wasser und einem kleinen Teil Spülmittel ein, z. B. mit einer Sprühflasche. Nun können Sie die Schutzfolie an der Folie am oberen oder unteren Ende um ca. 5 cm abziehen. Lösen Sie auf keinen Fall direkt die ganze Folie von ihrer Schutzbeschichtung. Drücken Sie den abgezogenen Teil der Folie auf der oberen Kante der Fläche leicht an. Jetzt können Sie mit dem restlichen, noch beschichteten Teil prüfen, ob die Folie korrekt liegt. Falls dies nicht der Fall ist, lässt sich der kleine, angeklebte Teil problemlos wieder abziehen und Sie können die gesamte Folie neu ausrichten. Jetzt drücken Sie den kleinen Streifen ohne Schutzfolie z. B. mit einem Kunststoffrakel (Spachtel aus Kunststoff) oder einem weichen Tuch an, und zwar von der Mitte der Fläche aus zu den Außenkanten hin. Und wenn ich drücken sage, meine ich auch wirklich drücken und nicht ziehen!

Ist die Folie richtig fixiert, können Sie weitere 5 bis 10 cm der Schutzfolie entfernen und den Vorgang wiederholen, bis die gesamte Fläche beklebt ist.

Ganz zum Schluss kümmern Sie sich um die Kanten. Hierfür schneiden Sie jeweils die Folienecken ab. Jetzt können Sie die Folie um die Kanten schlagen, ohne dass es zu Beulen kommt.

Achten Sie dabei besonders auf die Schnittkanten. Wenn alles verklebt ist, können Sie die Küchenfront vorsichtig abwaschen: Wenn Sie zu stark schrubben, müssen Sie die Arbeit wieder von vorn beginnen.

Micks Tipp:

Alte Folien entfernen Sie am besten mit einem Föhn. Die heiße Luft erhitzt den Kleber. So können die Folien besser abgezogen werden.

Im Internet gibt es viele Anbieter, die Ihr Wunschmuster oder Foto auf Klebefolie aufbringen. So können Sie Ihre Küche individuell gestalten.

Kühlschrankfolie

Wenn Sie Ihre Küchenfront gerade verklebt haben, können Sie eigentlich gleich mit Ihrem Kühlschrank weitermachen. Da das Gehäuse von Kühlschränken meist metallisch ist, können Sie hier mit einer Magnetfolie arbeiten. Diese wird einfach nur auf die Front aufgelegt und hält dort ohne Verklebung. Viele Magnetfolien gibt es dabei schon in standardisierten Kühlschrank-Formaten.

Natürlich können Sie die Kühlschränke auch mit herkömmlicher Folie bekleben. Dabei können Sie sich dann an die Küchenfronten-Anleitung halten.

! Wichtig: Achten Sie darauf, dass der Rakel keine kaputten Kanten hat. Diese können zur Beschädigung der Folie führen. Achten Sie auch darauf, dass Sie nicht zu viel Druck ausüben und dass es nicht zu Lufteinschüssen kommt.

Küchenfronten ausrichten

Moderne Küchenfronten sind mit Topfbändern an einem Schrankkorpus angeschlagen bzw. befestigt. Das vereinfacht ein Nachjustieren bzw. Einstellen der Türen. Man möchte ja schließlich eine gleichmäßige Fuge zwischen den einzelnen Fronten erhalten. Sollten die Türen nach dem Aufbau leicht schief in den Scharnieren sitzen, braucht man nur einen Kreuzschlitzschraubendreher, um sie richtig einzustellen.

Voraussetzung dafür ist aber ein exakt ausgerichteter Schrankkorpus. Ansonsten stellt man eine Türe richtig ein und wundert sich, dass die Fuge bei der nächsten Türe einfach nicht passen will. So drehen Sie sich einen Wolf.

Topfbänder sind zweiteilig: Ein Teil, die Montage- bzw. Grundplatte, ist mit zwei Schrauben am Korpus befestigt. Löst man die Schrauben ein wenig, lassen sie sich, und dementsprechend auch die Türe, in der Höhe verschieben.

Der zweite Teil des Bandes, der mit der Türe und im eingehangenen Zustand mit der Montageplatte verbunden ist, hat ebenfalls zwei kleine Schrauben. Diese kann man leicht ausfindig machen. Löst man die hintere Schraube, die in der Regel einen etwas breiteren Kopf hat, ein wenig, kann man die Einstellung der Türe nach vorne oder hinten, also zum Korpus hin oder weg, verändern.

Schrauben Sie die Schraube aber nur wenige Millimeter und nicht vollständig hinaus. Mit der zweiten kleinen Schraube (Madenschraube, ohne Kopf) kann man die Türe entweder zum Korpus hin oder vom Korpus weg einstellen.

Ein Praxisbeispiel:

Eine mit Topfbändern angeschlagene Türe hängt ein wenig nach rechts unten. Das erkennt man daran, dass die Fuge zwischen zwei Türen oben kleiner als unten ist. Oder aber man erkennt es bei einem Schrank mit nur einer Türe daran, dass die Abstände zur Korpusaußenkante ungleichmäßig sind.

Die einzustellende Türe öffnen Sie um ca. 90°, sodass Sie bequem die Montageplatte erreichen können. Nun am oberen Türband die vordere kleine (Maden-)Schraube mit dem Schraubendreher ein wenig nach links drehen. Man kann sofort eine Bewegung des Bandes erkennen. Es wird näher an den Korpus herangezogen. Schließen Sie die Türe, sollte eine Veränderung des Abstands zur oberen Korpuskante erkennbar sein: Dieser Abstand muss nun geringer sein, bzw. die Fuge zwischen den beiden Türen ist nun im oberen Bereich größer geworden.

Sollte das Ergebnis noch immer nicht befriedigend sein und sich die Schraube nicht weiter nach links drehen lassen, geht's ans untere Band. Die gleiche Schraube wie beim oberen Band drehen Sie jetzt nach rechts. Das Band entfernt sich etwas vom Korpus. Evtl. müssen Sie den Arbeitsschritt an der anderen Türe wiederholen.

Sendung
Richtiges Auf- und
Einstellen von Schränken

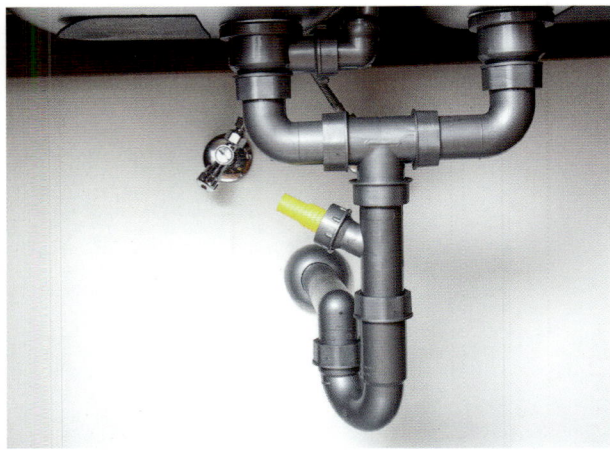

Untertischgerät anschließen

Warum auch immer: Das Untertischgerät hat nach mehreren Jahren zuverlässigem Dienst den Geist aufgegeben, obwohl die Stromleitung für das Gerät in Ordnung ist. Ein neues Untertischgerät muss her, man kann ja nicht auf warmes Wasser verzichten. Beim Fachhandel oder im Baumarkt haben Sie bereits, nach ausführlicher Beratung, ein neues erworben. Zuhause angekommen, alles ausgepackt, die Bedienungsanleitung gelesen und komischerweise dennoch nicht ganz verstanden, wie Sie vorgehen sollen. Und jetzt …?

Zuerst einmal stellen Sie einen Eimer und einen Lappen bereit. Räumen Sie dann den Unterschrank vollständig aus, damit Sie genug Raum zum Werken haben. Dann kann es losgehen.

Man sollte, bevor man das alte Untertischgerät entfernt, die Schläuche für die jeweilige Zuleitung mit einem Klebeband markieren und mit einem Pfeil beschriften (blauer Pfeil = Kaltwasser, roter Pfeil = Warmwasser). Dabei führen von der Hauptwasserzufuhr zur Armatur und von dieser zum Untertischgerät Kaltwasserleitungen und vom Untertischgerät zur Armatur eine Warmwasserleitung. Ohne entsprechende Markierung steht man hinterher vor einem Schlauchsalat und verliert den Überblick.

Bei dem neuen Untertischgerät sollte die jeweilige Bezeichnung an den Schläuchen vorhanden sein. Nachdem der Absperrhahn bzw. das Eckventil, sprich die Hauptwasserzufuhr und die Armatur, zugedreht wurden, kann das alte Untertischgerät entfernt werden.

Dafür benötigt man die passenden Maulschlüssel. Am besten jeweils zwei der gleichen Größe, um ggf. die Schraubanschlüsse zu kontern. Das bedeutet, ein Schraubverschluss wird mit einem Schlüssel festgehalten, am Gegenstück des anderen wird geschraubt. Anstatt eines zweiten Schlüssels können Sie auch eine kleine Pumpen- oder Wasserrohrzange verwenden.

Wenn alle Anschlüsse für die Wasserzufuhr von der Wasserleitung zum Untertischgerät bzw. zur Armatur gelöst sind, werden die neuen Anschlüsse bzw. Schläuche miteinander verbunden. Achten Sie dabei darauf, dass die jeweiligen Dichtungsringe an den Verbindungspunkten eingesetzt sind. Bei der Befestigung der Schläuche am Untertischgerät selbst sollten Sie darauf achten, diese nicht zu fest anzuziehen bzw. mit dem zweiten Maulschlüssel oder der Pumpenzange zu kontern, um ein Überdrehen zu verhindern. Hier gilt ebenfalls die alte Regel: „Nach ganz fest kommt ganz lose".

Jetzt kontrollieren Sie alle Anschlüsse und Verbindungen noch einmal. Sitzen alle Anschlüsse richtig? Sind alle Verbindungen der Beschriftung entsprechend montiert? Dann können Sie den Absperrhahn wieder öffnen. Jetzt sollte definitiv kein Wasser aus den Verbindungen treten. Ansonsten noch einmal prüfen, auseinander- und wieder zusammenschrauben.

Bevor Sie das neue Untertischgerät unter Strom setzen, also den Stecker in die Steckdose stecken, sollten Sie es komplett mit Wasser volllaufen lassen. Dies kann ca. eine bis zwei Minuten dauern. Das Gerät füllt sich, sobald man das Eckventil öffnet. Ein Öffnen der Armatur ist nicht notwendig und sollte vermieden werden!

Ist das Gerät voll, können Sie den Hahn öffnen. Nicht erschrecken, die Armatur kann im ersten Moment etwas unregelmäßig Wasser spucken, bis es zu einem gleichmäßigen Wasserfluss kommt. Erst jetzt das Untertischgerät einschalten und das Wasser erwärmen. Ansonsten kann es passieren, dass das neue Gerät sofort den Betriebszustand des alten annimmt. Es geht auf gut Kölsch gesagt: kapott.

> Hinweis: Wenn Sie ein Untertischgerät neu anschließen, benötigen Sie eine spezielle Niederdruckarmatur. Achten Sie daher beim Kauf auf die Bezeichnung.

Armatur wechseln

Ihre alte Armatur tropft und hat ihre besten Tage hinter sich? Dann ist es Zeit für eine neue.

Im Baumarkt oder Fachhandel gibt es, von einfach bis edel, alles was das Herz begehrt. Wenn Sie sich das neue Schmuckstück ausgesucht haben, ist es Zeit für den Wechsel.

Drehen Sie den Absperrhahn und die Armatur ab und markieren Sie die Schläuche für die jeweilige Zuleitung mit einem Klebeband und Pfeil (blauer Pfeil = Kaltwasser, roter Pfeil = Warmwasser). Jetzt drehen Sie die alten Armaturenleitungen mit einem passenden Maulschlüssel ab. Dabei sollte ein Schraubverschluss mit einem Schlüssel festgehalten werden, während am Gegenstück des anderen geschraubt wird. Zum Kontern können Sie dabei einen Schlüssel in gleicher Größe oder auch eine kleine Pumpen- oder Wasserrohrzange verwenden.

Wenn alle Anschlüsse für die Wasserzufuhr von der Wasserleitung zur Armatur gelöst sind, müssen Sie von unten die lange Armaturschraube mit entsprechender Mutter suchen. Lösen Sie die Mutter mithilfe eines Steckschlüssels. Wenn die Mutter gelöst ist, kommt Ihnen mit ihr zusammen eine Unterlegscheibe entgegen. Die Armatur ist jetzt wackelig. Sobald die Mutter und alle Schlauchverbindungen gelöst sind, können Sie die Armatur oben aus dem Waschbecken herausziehen. Jetzt setzen Sie einfach die neue Armatur ein, drehen sie mit ihrer Mutter fest und verbinden die entsprechenden Leitungen. Und schon können Sie Ihr Waschbecken wieder in Betrieb nehmen.

Vinyl-Recycling

Musik zählt zu meinen großen Leidenschaften. Bevor ich meine Schreinerausbildung begann und auf Umwegen zum Fernsehen kam, spielte ich Schlagzeug. Und wie vielleicht auch der eine oder die andere unter Ihnen bin ich mit Schallplatten aufgewachsen. Klar, MP3s haben schon was. Man hat die Musik immer dabei und alles ist schön kompakt gespeichert, aber trotzdem, die gute alte Vinylplatte ist einfach etwas anderes. Ich würde sagen, sie hat ein besonderes Flair. Und um dieses Flair festzuhalten, habe ich im Fernsehgarten Vinyl-Recycling-Projekte vorgestellt.

Sie benötigen:

Eine alte Vinylplatte
Einen Heißluftföhn

Buchstütze

1 Spannen Sie die Schallplatte mittig zwischen einem Holzklotz und Ihrer Werkbank ein. Dabei ist es wichtig, dass der Holzklotz genau auf der Kante der Werkbank liegt.

2 Jetzt gehen Sie mit einem Heißluftföhn an der Kante entlang und erhitzen die Schallplatte. Nach wenigen Minuten beginnt sie, elastisch zu werden und sich zu verbiegen.

3 Sobald Sie merken, dass sich die Platte verformt, drücken Sie sie mit einem Winkelholz direkt an der Kante nach unten. Jetzt muss sie nur noch auskühlen! Und voilà, haben wir einen alten Gegenstand zu neuem Leben erweckt: Vinyl-Recycling. Dieser Retro-Chic ist übrigens auch super zum Verschenken geeignet.

Obstschale

1 Aber Sie können nicht nur Buchstützen aus Vinyl herstellen. Eine andere Möglichkeit ist z. B. die Obstschale. Dafür legen Sie eine kleine Schüssel mit ihrer Öffnung nach unten auf ein Backblech und die Platte mittig auf die Schüssel.

2 Sobald der Ofen auf ca. 100° C vorgeheizt ist, schieben Sie das Blech in den Ofen. Genau wie beim Föhnen beginnt das Vinyl wegen der Hitze elastisch zu werden und sich zu verformen.

3 Nach ca. 10 Minuten ist die Schallplatte verformt und kann aus dem Ofen. Sie sollte sich gleichmäßig über die Schüssel biegen.

4 Entweder Sie lassen sie in dieser Position auskühlen oder Sie drücken noch eine etwas kleinere Schale auf die Vinylplatte. Und schon haben Sie eine neue Obstschale im coolen Vinyldesign.

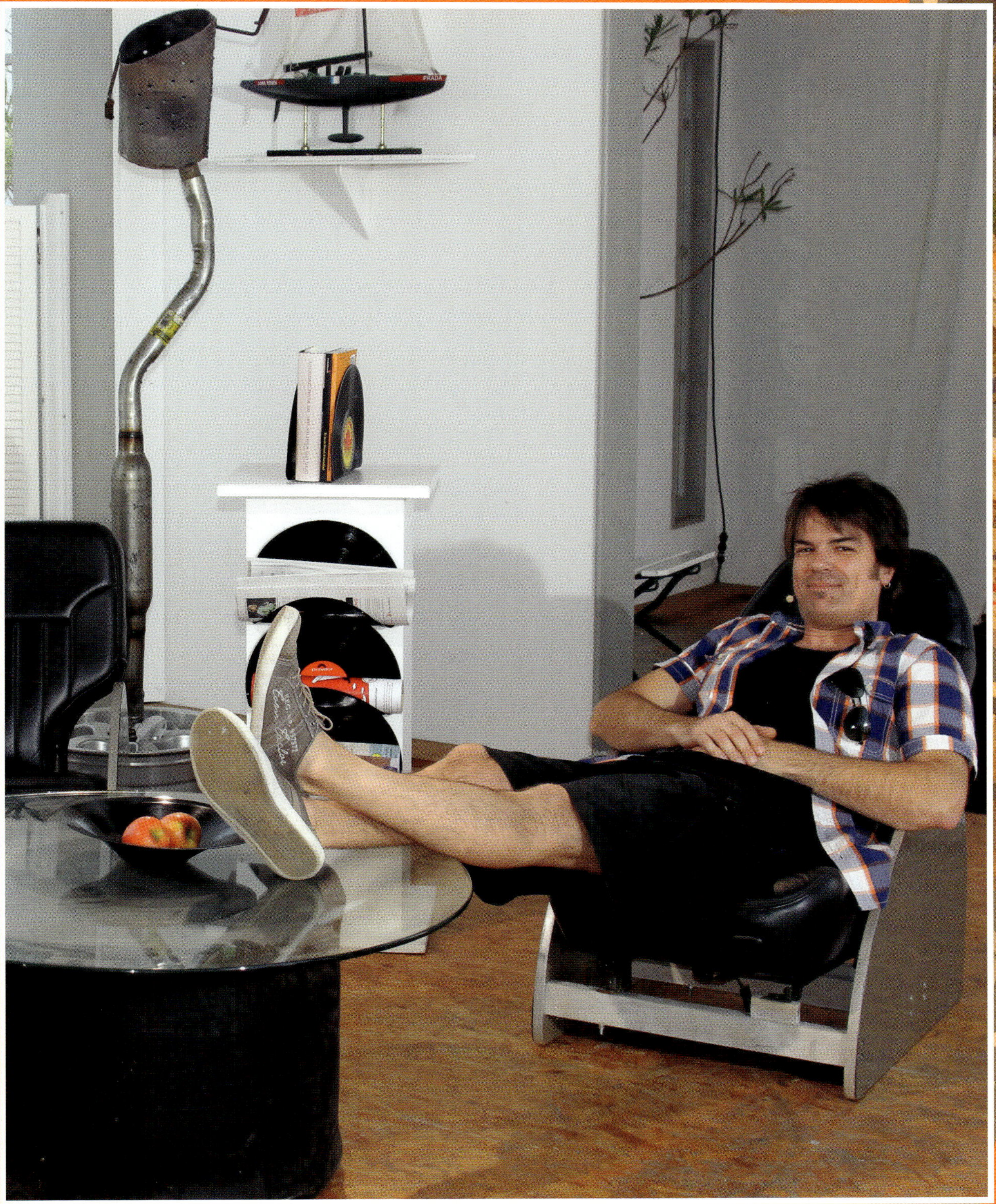

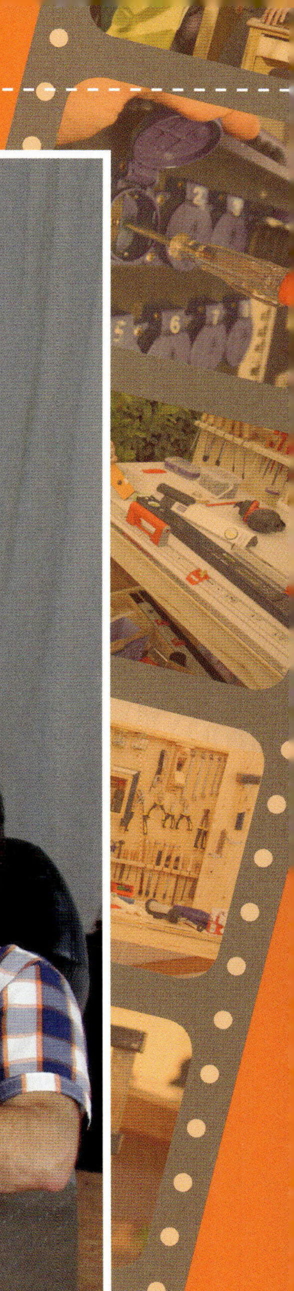

FernsehGarten

Sendung
Diverse Gegenstände
aus Vinyl-Schallplatten
herstellen

Türen & Fenster

Jetzt haben Sie sich so intensiv mit dem Innenleben Ihres Raumes beschäftigt, dass es Zeit für einen kleinen Perspektivwechsel wird. Denn zu jedem „Drinnen" gehört auch ein „Draußen". Und was stellt bei Ihnen zu Hause die Verbindung zwischen dem behaglichen „Drinnen" und dem ominösen „Draußen" her? Ganz genau: die Tür und das Fenster. Ohne sie wäre es nicht nur verdammt zugig in der Hütte, auch wären Sie dem Sonnenlicht ebenso schutzlos ausgeliefert wie ungebetenen Gästen. Lassen Sie uns schnell einen Überblick über ein paar wichtige Begriffe verschaffen, bevor wir uns an die verschiedenen Möglichkeiten der Tür- und Fenstergestaltung machen.

Die Tür

Ein bisschen Türtheorie

Kein Sport ohne Fachchinesisch. Davon bleibt auch der angehende Tür-und-Tor-Experte nicht verschont.

Der Klassiker unter den Türtypen ist die **Anschlagtür**, die mithilfe sogenannter Türbänder aufgehängt bzw. angeschlagen wird. Sie kommt ganz klar am Häufigsten vor und kann laut diverser Internet-Videos sogar von Katzen und Hunden bedient werden.

Nach einem ganz anderen System funktioniert die **Schiebetür**: Sie bewegt sich wie eine Lokomotive auf festen Laufschienen, die direkt am Türrahmen oder an der Wand befestigt sind und dadurch den Türblättern das Gleiten nach links und rechts ermöglichen.

Früher oder später wird Ihnen das sagenumwobene **DIN**, das Deutsche Institut für Normung, begegnen, dessen Name uns vom guten, alten DIN-A4-Blatt – mehr oder minder bewusst – geläufig ist. Das DIN setzt einheitliche, verbindliche Standards für Produkte aus allen Lebensbereichen. Deswegen können wir uns darauf verlassen, dass ein A4-Blatt immer gleich groß ist.

Wenn es um Türen und Fenster geht, stößt man schnell auf die Bezeichnungen **„DIN rechts" und „DIN links"**. Dies besagt, an welcher Seite der Tür bzw. des Fensters sich die Aufhängung befindet, also beispielsweise, ob das Türblatt links oder der Fensterflügel rechts angeschlagen wurde.

Um schnell „Ihren Typ" herauszufinden, stellen Sie sich auf die Seite der Tür, an der sich die Türbänder befinden. Zu dieser Seite öffnet sich die Tür auch. Befinden sich die Bänder rechts, so haben Sie es mit einer „Türe DIN rechts" zu tun. Die Türklinke sitzt dementsprechend auf der gegenüberliegenden, hier also der linken Seite des Türblattes. Nach dem gleichen Prinzip wird auch bei Fenstern bzw. Fensterflügeln verfahren.

Und wenn wir schon dabei sind, ein paar Vokabeln zu pauken: Freunden Sie sich doch gleich noch mit dem Begriff **„Aufdeckseite"** an. Damit ist bei einem Türblatt oder Fensterflügel die breitere Seite gemeint.

Bei genauerer Inspektion werden Sie außerdem bemerken, dass jeweils an der linken, rechten und oberen Seite einer Tür eine rechtwinklige Kante verläuft. Der Kenner weiß: Das kann nur der **Falz** sein! Heutzutage trifft man eigentlich nur noch solche überfälzten Türblätter an, aber sollte Ihnen doch einmal ein Türblatt ohne Falz begegnen, wissen Sie ab sofort, dass das eine **„stumpf angeschlagene Tür"** sein muss. Das können Sie Ihren Freunden und Bekannten ruhig mal bei einem netten Glas Wein oder Bier erzählen!

Die Tür schleift

Oftmals geschieht es wie von Zauberhand. Gestern war noch alles in bester Ordnung und auf einmal ist es passiert: Schatz, die Tür schleift! Jetzt heißt es, so schnell wie möglich handeln. Ihr Bodenbelag, egal ob Teppich, Laminat, Parkett oder Fliesen, wird sehr schnell auf diesen Zustand reagieren. Dem Türblatt selbst bekommt diese Behandlung auf Dauer auch nicht sonderlich gut. Lassen Sie es nicht so weit kommen!

Türbänder nachjustieren

Meistens ist die Lösung ein Kinderspiel. Durch das ständige Öffnen und Schließen hat sich die Tür im Laufe der Zeit leicht gesetzt, also nach unten bewegt. Dies können Sie einfach beheben, indem Sie die Türbänder nachjustieren:

1. Hängen Sie das Türblatt aus.

2. Drehen Sie das obere Türband eine ganze Umdrehung tiefer in das Türblatt hinein. Sie können dazu die bloße Hand oder ein passendes Werkzeug, beispielsweise einen Kreuzschlitz-Schraubendreher, benutzen. Dadurch wird das Türblatt näher an das obere Türband herangezogen und bewegt sich vom Boden weg.

3. Sollten Sie aus irgendeinem Grund das obere Türband gar nicht oder nur minimal bewegen können, versuchen Sie, das untere Band eine Umdrehung weit herauszudrehen.

4. Falls die Tür nun immer noch schleift, drehen sie das Band ein weiteres Mal herum.

Nach diesem Prinzip können Sie auch vorgehen, falls Ihre Tür an der Schlossseite nicht genügend Luft haben sollte, am Türfutter schleift oder drückt und sich nicht locker und flockig schließen lässt.

Zusammenfassung

Dreht man das obere Türband weiter hinein, wird das Türblatt auf der Schlossseite im unteren Bereich angehoben bzw. der Abstand im oberen, seitlichen Bereich zwischen Tür und Türfutter wird größer. Dreht man das obere Türband weiter heraus, entsteht der umgekehrte Effekt.

Dreht man das untere Band weiter heraus, wird die Türe unten an der Außenkante der Schlossseite angehoben. Gleichzeitig verringert sich aber im unteren Bereich der Abstand zwischen Türblatt und Türfutter. Dreht man das untere Band weiter hinein, erhält man auch hier den umgekehrten Effekt.

Fitschenringe anbringen

Es kann allerdings vorkommen, dass nach dieser Methode auch beim besten Willen nicht mehr genug Platz zwischen Tür und Rahmen ist. In diesem Fall können Fitschenringe eine Lösung sein.

Die Fitschenringe sind nichts anderes als Unterlegscheiben, die ihren Namen daher haben, dass sie unter die sogenannte Fitsche gelegt werden. Das sind die Türbänder von Anno Dazumal, die man lästigerweise nicht neu einstellen kann. Als Behelf hat man die Fitschenringe erfunden und unter das untere Türband gelegt, um so die Tür anzuheben.

Türblatt kürzen

Sie lesen ja immer noch weiter! Dem entnehme ich, dass weder die Auseinandersetzung mit der Türband-Justierung noch der Rückgriff auf frühzeitliche Fitschenringe den gewünschten Erfolg gebracht haben. Gar kein Problem. Wir müssen nur zu etwas härteren Bandagen greifen.

Denn jetzt gehen wir der Tür ans Leder bzw. ans Holz: Um etwa 5 mm wollen wir das gute **Stück kürzen**. Wie? Wenn Sie bereits Ihre Handkreissäge samt Führungsschiene und Schutzausrüstung parat haben, gehören Sie wohl schon zu der Kategorie „Handwerker mit professionellen Ambitionen" und brauchen meine Hilfe gar nicht!

Wenn Sie aber gerade mit großen Augen und einer kleinen Stichsäge vor Ihrer Türe stehen, habe ich ein paar hilfreiche Hinweise für Sie:

1. Besorgen Sie sich zwei Arbeitsböcke oder einen geeigneten Tisch als **Arbeitsfläche** und fixieren Sie das Türblatt mit **ein paar Zwingen** darauf. Achtung: Verwenden Sie **Zulagen**, um eine Beschädigung der Tür zu vermeiden!

2. **Zeichnen** Sie das abzusägende Stück parallel zur Unterkante der Tür ein.

3. Als Hilfsmittel können sie eine Latte als Führung entlang der Markierung montieren, um einen geraden Schnitt zu erhalten. Das Ding heißt dann **Anschlagslatte**. Es geht natürlich auch ohne, aber dann müssen Sie vorsichtiger und langsamer arbeiten.

4. Greifen Sie zur **Stichsäge**! Die Grundlagen zum Umgang mit der Stichsäge haben Sie ja bereits am Anfang des Buches kennengelernt. Das **Sägeblatt** sollte unbedingt scharf sein, um ein sauberes und gefahrloses Arbeiten zu ermöglichen.

5. Setzen Sie an der **Markierungslinie** an und beginnen Sie mit dem Sägen. Üben Sie nicht zu viel Druck auf die Säge aus! Das Sägeblatt kann sich sonst verbiegen und der Schnitt schief werden.

6. In der **Ruhe** liegt die Kraft. Wer wild durch das Material durchsäbelt, wird Splitter und Wellenlinien ernten.

7. Folgen Sie der Hilfslinie! Wenn sie von **Staub** verdeckt ist, pusten Sie ihn fort.

8. Da auch das zärtlichste Sägen nicht spurlos am Material vorbeigeht, bearbeiten Sie die Unterkante anschließend mit Schleifklotz und Schleifpapier (80er oder 120er Körnung). Kleiner Tipp: **Schräg anschleifen** (Kante stark brechen)!

Das war es schon! Sie können das Türblatt jetzt wieder einhängen und anschließend die überall verteilten Sägespäne und abgetrennten Finger in Ruhe wegfegen.

Micks Tipp:

Wie viel muss ich absägen? Das finden Sie folgendermaßen heraus: Die schleifende Türe vorsichtig in die Stellung bringen, in der sie am meisten schleift. Es entsteht ein kleiner Zwischenraum an den Bändern, da die Türe angehoben wird. Diesen Abstand zwischen dem Unterband am Türfutter und dem Band am Türblatt messen. Zu dieser Differenz 3 mm hinzu addieren und das Türblatt um diese Länge kürzen (z. B. 3 mm + 3 mm = 6 mm). Schnitte, die schmaler sind als 3 mm, sind mit der Stichsäge schwer zu sägen, da das Sägeblatt dazu neigt, schräg „wegzulaufen".

Tür lackieren

Abschleifen ist eine ätzende Arbeit. Trotz aller meditativen Aspekte macht Abschleifen einfach keinen Spaß und kostet Zeit. Folglich hängen in Deutschland ungezählte Türen herum, die dringend eine Auffrischung vertragen könnten. Wenn man ein paar Kniffe beachtet, muss man sich nicht unnötig lange mit diesem Arbeitsschritt aufhalten:

1. **Schleifen** Sie nicht gleich die ganze Farbschicht von der Tür! Normalerweise kommen Sie mit einem leichten Anschleifen (Schleifpapier mit 150er Körnung) davon. Tiefere Dellen und Macken sollten Sie nicht „weghobeln", sondern besser mit Spachtelmasse ausbessern. Schmutz und Farbreste können mit einem feuchten Tuch abgewischt werden.

2. Als **Arbeitsunterlage** und Bodenschutz eignet sich hervorragend die Zeitung von gestern. Anschließend decken Sie auf dem Türblatt alle Stellen mit **Malerklebeband** ab, die nicht gestrichen werden sollen – auch nicht zufällig.

3. Für die **Lackierarbeiten** brauchen Sie – je nachdem, welchen Lack Sie verwenden – einen entsprechenden Pinsel (s. S. 41) und eine etwa 10 cm breite Farbrolle aus Schaumstoff für den Breitband-Auftrag. Wer es extravagant mag, kann sich auch zwei Roller zulegen: einen mit 5 cm Breite und den zweiten mit 15 cm Breite. Es gibt die Schaumstoff-Roller günstig im Paket mit einer Farbschale und einer Vorrichtung zum Abstreifen der Rollen.

4. Den ersten Lack mit dem **Pinsel zunächst nur in den Ecken** und auf den schmalen Flächen oder Profilen auftragen. Nun können Sie die großen Flächen mit der **Farbrolle dünn** lackieren. Der Pinsel ist hier tabu. Er trägt die Farbe zu dick auf. Die Farbe verläuft, trocknet und hinterlässt unschöne pockennarbige Beulen. Also rollern Sie! Mehr zum Thema Lackieren finden Sie im Abschnitt Grundlagen (s. S. 40).

5. Arbeiten Sie **zügig und nass**! Damit ist der Zustand der Farbe bzw. des Lacks gemeint. Der Lack fängt schon nach ca. **10 Minuten** an zu trocknen und dann heißt es: Finger weg! Kein Pinsel, keine Rolle, kein Rumtatschen. Unebenheiten und Makel können nach dem Trocknen der Farbe mit 220er Schleifpapier beseitigt werden.

6. Auch wenn der Lack schnell zu trocknen beginnt, braucht es doch **mindestens einen ganzen Tag**, besser zwei Tage, bis die Tür ordentlich „abgehangen" und durchgetrocknet ist.

Türspion einbauen

Sie haben erfolgreich die Türenhürde genommen, alles ein- und angepasst, da wagt es plötzlich jemand, von außen mit brachialer Gewalt gegen Ihr Meisterwerk zu poltern. Wäre es jetzt nicht großartig, einen unauffälligen Blick zu riskieren, um den Störenfried gefahrlos in Augenschein nehmen zu können? Das ist kein Hexenwerk, sondern lediglich eine Frage von ein paar Handgriffen.

Doch bevor Sie sich munter ans Werk machen, bedenken Sie eines: Sollten Sie zur Miete wohnen, so ist die Wohnungstür im Eigentum des Vermieters. Klären Sie daher unbedingt vorher ab, ob dieser mit Ihren Änderungen einverstanden ist!

1. Zunächst bestimmen Sie die **optimale Höhe** des Gucklochs, indem Sie sich entspannt und gerade vor die Tür stellen und auf Augenhöhe eine Markierung an der Tür anbringen.

2. Anschließend schnappen Sie sich einen 4 mm-Holzbohrer und bohren durch die ganze Dicke der Tür **ein kleines Loch** vor. Versuchen Sie, mit ruhiger Hand und im rechten Winkel zum Türblatt zu arbeiten!

Durch dieses Vorbohren können Sie auf der anderen Türseite die Position des Gucklochs erkennen und Sie verhindern außerdem ein späteres Ausfransen der Bohrstelle.

3. Erst jetzt suchen Sie sich den Bohrer mit dem für den **Türspion passenden Durchmesser** und bohren von beiden Seiten jeweils bis zur Mitte der Tür in das vorgebohrte Loch. Würden Sie nur von einer Seite die Tür durchbohren, könnte das Loch auf der anderen Seite einreißen. Zum Schluss noch den Türspion nach Herstellerangaben einsetzen.

Fertig ist der Türspion! Und zwar ohne irgendwelche hässlichen Macken, die der Vermieter gerne mal bei einem Kaffee mit Ihnen diskutieren würde. Ab nun sind Sie aber eh rechtzeitig vorgewarnt, um sich im Notfall schlafend stellen zu können.

Sicherheitsschließzylinder austauschen

Ein Türspion ist etwas Wunderbares – während Sie zu Hause sind und tatsächlich durchgucken können. Manchmal lässt es sich aber einfach nicht vermeiden und Sie müssen Ihre Wohnung und all die tollen Dinge, die wir in den letzten Kapiteln so mühselig hereingetragen haben, sich selbst überlassen. Aus Sicherheitsgründen muss der marode Vorkriegsschließzylinder also einem 21.-Jahrhundert-High-Tech-Sicherheitsschließzylinder weichen.

1. Zunächst muss der **alte Zylinder** aus der Tür raus. Entfernen Sie dazu die Fixierschraube am Schlosskasten. Dann müssen Sie den Schlüssel ins Schloss stecken und in die richtige Position bringen, sodass Sie den Zylinder herausziehen können. Probieren Sie einfach durch ein bisschen Hin- und Herdrehen und Ziehen des Schlüssels, die richtige Stellung zu finden.

2. Als Nächstes brauchen Sie den **Durchmesser** der Zylinderöffnung. Diese messen Sie mit einem kleinen Zollstock oder – wer hat, der hat – einer Spezialskala aus. Alternativ können Sie auch den linken und rechten Abstand zwischen Riegel und Zylinderende messen und zusammenzählen.

3. Jetzt heißt's Shopping: Besorgen Sie sich mithilfe der frisch gewonnenen Maße im **Handel** den Zylinder Ihres Vertrauens.

4. Der **Einbau des neuen Zylinders** verläuft in genau der umgekehrtern Reihenfolge wie das Entfernen des alten: Den Zylinder in die Öffnung einsetzen …
… und mit der Feststellschraube fixieren.

Die Fenster: Auf Licht & Sicht

Nun stehen Sie zum ersten Mal in Ihrem frisch und liebevoll renovierten Refugium und dürfen einen Augenblick lang ganz schön stolz auf sich sein. Doch irgendetwas trübt den schönen Schein. Irritiert lassen Sie Ihren inzwischen geschulten Blick durch den Raum wandern, und plötzlich sind Sie von der Erkenntnis wie geblendet: die Fenster! Es sind die vermaledeiten Fenster!

Denn die nackten Fenster lassen nicht nur eine Menge warmes Tageslicht, sondern auch die bohrenden Blicke des rüstigen Rentnerpaars von gegenüber hinein. Dies trägt nicht unbedingt zu einem wohligen Gefühl von Geborgenheit bei. Außerdem stört Sie abends das widerliche gelbe Licht der Straßenlaterne beim Fernsehen. Und im Hochsommer ist der „Wintergarten" einfach zu heiß.

Doch Abhilfe ist nicht fern und sie ist in vielen verschiedenen Farben und Formen verfügbar – je nachdem, ob Sie mehr Wert auf einen Sichtschutz legen oder eher die Lichtverhältnisse des Raumes beeinflussen möchten. Ob Vorhang, Rollo, Jalousie oder gar Spezialfolie – Ihrer Kreativität sind keine Grenzen gesetzt.

Jalousien

Die Jalousie zählt zu den coolen Klassikern des Fenster-
schmucks. Bekannt aus nahezu jeder US-amerikanischen
Fernsehserie hat sie den Durchbruch auch in Deutschland
schon lange geschafft, ohne dabei den Mief von Omas schweren Fenstervorhängungen anzunehmen.

Kein Wunder, denn sie ermöglicht dank ihrer schwenkbaren
Lamellen die Steuerung des einfallenden Lichts und sorgt
gleichzeitig für einen **effektiven Sichtschutz** von außen, ohne
Ihnen selbst ganz die Aussicht zu verbauen. Da sie ohne eine
umständliche Aufhängung, wie beispielsweise Gardinen-
stangen, daherkommt, ist sie zudem schnell an- und wieder
abmontiert.

Knifflig hingegen kann es werden, aus dem nahezu **unerschöpflichen Angebot** an Materialien und Farben Ihren persönlichen Superstar herauszucasten. Aber das ist glücklicherweise nicht mein Problem. Ich hänge hier nur auf.

Jalousien anbringen

Jeder Jeck und jeder Raum ist anders. Grundsätzlich gibt es
drei Positionen, die für das Anbringen von Jalousien im
Innenbereich geeignet sind:

- **über dem Fenster an der Wand,**
- **im Fenster selbst,**
- **von der Decke herab.**

Die Wahl der „richtigen" Stelle ist sowohl von den räumlichen
Gegebenheiten als auch Ihrem persönlichen Geschmack abhängig. Wir werden in diesem Kapitel die beiden ersten Positionen zusammen durchgehen, da sie die alltäglichsten sind.

Jalousien über dem Fenster montieren

1. Bevor Sie an die Decke oder wahlweise an die Wand
gehen, breiten Sie sich mit allen **Einzelteilen** der Jalousie auf
dem Fußboden aus.

2. Legen Sie die **Aufhängungsteile** an die vorgesehenen
Stellen der Jalousie an und messen Sie die **Abstände.**

3. Markieren Sie die **Position der Bohrlöcher** für die Aufhängung an der Decke oder Wand.

4. Jetzt bohren Sie die Löcher und schrauben die **Aufhängung**
zunächst nur locker an.

5. Kontrollieren Sie mit der **Wasserwaage,** ob Sie die Aufhängungsteile korrekt ausgerichtet haben und ob alles gerade ist.

6. Wenn alles stimmt, ziehen Sie die **Schrauben richtig fest**
an, damit Ihre Jalousie die Alltagsbelastungen aushält.

7. Wenn wirklich alles stimmt, können Sie die **Jalousie in der
Aufhängung** einrasten lassen und zum ersten Mal herunter-
lassen.

8. Kleinere Ungleichheiten im Lauf der Jalousie können Sie
ausgleichen, wenn Sie mit den eingebauten **Schiebegewich-
ten** herumexperimentieren. Diese finden Sie im sogenannten
Unterstab.

Jalousien im Fenster montieren

Der **Vorteil** der Montage der Jalousie im Fenster liegt darin, dass die Jalousie auch beim Kippen oder Öffnen des Fensters in ihrer Position verbleibt. Durch die Nähe zur Scheibe entsteht an dieser Stelle auch praktisch kein Wärmestau. Das verbessert den Schutz vor Außenwärme im Vergleich zu einer über dem Fenster montierten Jalousie, da die einfallende Wärme unmittelbar reflektiert werden kann.

1. **Markieren** Sie auf dem Fensterrahmen die Bohrpunkte für die Befestigung der Jalousie. Achten Sie auf eine mittige Ausrichtung und verwenden Sie die Einzelteile der Jalousie evtl. als Schablonen und Orientierungshilfen.

2. **Bohren** Sie nun vorsichtig die ersten zwei Löcher für die obere Aufhängung der Jalousie. Die Löcher müssen nicht besonders tief sein. Aber achten Sie darauf, einen möglichst feinen Bohrer zu verwenden, um den Rahmen nicht zu beschädigen!

3. **Montieren** Sie mit den beigelegten Schrauben die obere Aufhängung und klinken Sie die Jalousie dort ein.

4. Unten wird die Jalousie mit einer **Spannseilhalterung** fixiert. Lassen Sie die Jalousie bis zur gewünschten Tiefe herab. **Markieren** Sie auf dieser Höhe die Position der unteren Bohrlöcher.

5. Nun bohren Sie vorsichtig die unteren Löcher. Hier rate ich Ihnen, sogar einen **extrafeinen Bohrer** einzusetzen. Schrauben Sie die untere Befestigung fest an und ziehen Sie das **Spannseil straff** durch diese hindurch nach oben.

6. Zeit für einen **Funktionstest**: Die Jalousie sollte sich leicht verstellen lassen. Wenn noch etwas Seil oder Draht überstehen sollte, können Sie diesen einfach **abschneiden. Kontrollieren** Sie noch einmal sämtliche Schrauben auf festen Sitz.

Alles funktioniert und sitzt gerade und fest am Fenster? Herzlichen Glückwunsch! Ein weiterer Level auf dem Weg zum Heimwerker-Experten liegt erfolgreich hinter Ihnen.

Plissees

Wir wollen uns der Vollständigkeit halber an dieser Stelle mit den Plissees auseinandersetzen, die auch unter dem schicken Namen **Faltstores** oder schlicht und einfach unter dem Namen **Faltrollos** bekannt sind. Gemeint sind damit Rollos, die – welch' Überraschung – faltbar oder, mit anderen Worten, zusammenschiebbar sind.

Und damit habe ich den Clou des Plissees bereits verraten: Anders, als bei den herkömmlichen Rolläden, kommt das pfiffige Plissee mit etwas mehr **Flexibilität** daher. Es lässt sich nämlich viel freier am Fenster und um das Fenster herum platzieren und an praktisch jede Fensterform anpassen. Und genau wie bei den Vorhängen können Sie ohne Ende verschiedene Farben und Formen miteinander kombinieren.

Die große Flexibilität der Plissees bei der **Montage** hindert mich an dieser Stelle leider, eine konkrete Anleitung aus dem Ärmel zu schütteln, die für jedes Plissee funktionieren würde. Aber nichtsdestotrotz habe ich ein paar Tipps für Sie zur Hand, die Ihnen das Leben mit den Faltrollos noch angenehmer machen:

• Achten Sie beim Kauf darauf, dass Ihr Wunschprodukt auch für den vorgesehenen Bereich geeignet ist. Im Badezimmer beispielsweise sollten Sie feuchtigkeitsresistente Materialien verwenden, um keine bösen Überraschungen zu erleben.

• Auch bei der Wahl des richtigen Materials kann es zu Problemen durch Kondenswasser zwischen der Scheibe und dem Rollo kommen. Halten Sie bei der Montage daher unbedingt genügend **Abstand zwischen Plissee und Fenster**!

• **Benutzen** Sie Ihr neues Plissee fleißig! So erhalten sich die Falten und die Form am besten.

• Reinigungsfreie Faltstores sind mir bisher leider noch nicht begegnet. Achten Sie darauf, keine scharfen Reinigungsmittel zu gebrauchen! Geben Sie lieber ein „Hausmittel", wie Waschpulver, Duschgel oder Haarshampoo, in etwa 30°C warmes Wasser und weichen Sie das Plissee 10 Minuten lang darin ein. Es eignet sich dabei eine große Schüssel oder die Badewanne.

• Verwenden Sie für die Reinigung am besten einen weichen Lappen oder Schwamm. Gehen Sie behutsam vor! Denn wenn Knicke oder gar Risse entstehen, ist das nicht mehr rückgängig zu machen.

• Nach getaner Arbeit spülen Sie das auseinandergefaltete Rollo vorsichtig mit klarem Wasser ab, beispielsweise mit dem Duschkopf.

• Befestigen Sie das zusammengefaltete Plissee nun wieder an der Decke oder Wand und lassen Sie es in diesem Zustand für ein paar Stunden in Ruhe trocknen, damit es seine Form behält.

Vorhänge

Das Prinzip „Vorhang" muss ich wohl niemandem mehr erklären. Dennoch wäre es falsch, Vorhänge einfach als langweilige Laken vorm Fenster abzutun. Vorhänge sind platzsparend und kinderleicht zu bedienen. Die atemberaubende Auswahl an Stoffen in allen Farben und Mustern bietet Ihnen einen unerschöpflichen Fundus zum hemmungslosen Austoben. Wenn Sie es ganz individuell haben möchten, können Sie auch mit Vorhangbahnen experimentieren, die sich ineinander verschieben lassen. Falls Sie in Ihren Räumen große Fenster oder Glasflächen haben, kann ein Flächenvorhang, auch bekannt als Paneltrack, eine tolle Lösung sein.

Flächenvorhang montieren

Die Anzahl der Stoffbahnen, die Sie an einer Stelle zusammen aufhängen können, wird von der verwendeten Deckenschiene vorgegeben, an der der Vorhang später befestigt wird. Es gibt Deckenschienen üblicherweise mit drei oder fünf Schienen.

Die Montage ist unabhängig von der Anzahl an Stoffbahnen immer identisch:

1. Zunächst müssen Sie eine Möglichkeit schaffen, die Vorhänge an der Decke zu befestigen. Dazu müssen Sie eine Deckenschiene montieren. Die Position der Aufhängungsteile markieren Sie mit einem Stift, indem Sie die Schiene dort an die Decke halten, wo sie angebracht werden soll.

2. Nun können Sie bequem die Befestigung der Schiene in der Decke verschrauben und die Schiene einhängen.

3. Am Vorhangstoff befindet sich ein Klettverschluss. Damit fixieren Sie den Vorhang am Laufwagen. Rollen Sie den Stoff vorsichtig nach unten aus. Am unteren Ende der Stoffbahn befindet sich der sogenannte Tunnel. Dort wird die Beschwerung eingeführt.

Bad

Das Badezimmer ist nach dem Schlafzimmer das Erste und das Letzte, was wir zu Gesicht bekommen, bevor wir in die Nacht oder den Tag starten. Und mit kleinen Macken in den Fliesen oder einem verschmutzten Siphon bietet es ein Paradies an Aufgaben für den ambitionierten Heimwerker. Ob es darum geht, einen Silikonstreifen zu erneuern oder alte Fliesen wieder fit zu machen, in diesem Kapitel finden Sie kleine und größere Tipps zur Badezimmergestaltung.

Fugen

Silikonfugen dienen im Badezimmer dem Schutz der Wände vor **Feuchtigkeit und Schimmel**. Sie finden sie zwischen Waschbecken, Badewanne, Dusche und Wand. Damit dieser Schutz gewährleistet ist, sollten Sie bei Silikon auf Marken-produkte mit hoher Qualität zurückgreifen. Ansonsten kann es später teuer werden!

Alte Silikonfugen entfernen

Wenn Ihre alten Silikonfugen brüchig oder spröde und somit undicht geworden sind, müssen sie entfernt und durch neue ersetzt werden. Ansonsten kann es schnell zu Schimmel und anderen Feuchtigkeitsschäden kommen.

Speziell zum Entfernen der Dichtung gibt es einen sogenann-ten **Fugenkratzer.** Stecken Sie diesen mit seinem spitzen Ende unter den Silikonstreifen und hebeln Sie ihn durch Schieben und Ziehen aus der Fuge. Rückstände können Sie mit dem anderen Ende des Kratzers, der Spachtelseite, entfer-nen. Anstatt eines Fugenkratzers können Sie auch ein **Tep-pichmesser** und einen **alten Schraubenzieher** verwenden.

Teilweise sitzt die Schicht aber so fest, dass Sie zu **Silikonent-ferner,** einer chemischen Flüssigkeit, greifen müssen (Sicher-heitshinweise beachten!). Silikonentferner löst die Schicht, ohne den Untergrund anzugreifen.

Bevor Sie die Fuge wieder auffüllen, sollten Sie sie gründlich mit Wasser reinigen, austrocknen lassen und mit einem Staubsauger aussaugen.

Silikonfugen anbringen

Wenn Sie Anfänger sind: Bevor Sie die gereinigte oder sogar neue Spalte verfugen, ist es sinnvoll, die umliegenden Wände bzw. **Flächen abzukleben.**

Wenn alles abgeklebt ist, schrauben Sie einen **Spritzaufsatz** auf die Kartusche und schneiden eine ca. 3 mm große, leicht schräge Öffnung in das Austrittsende des Aufsatzes. Spannen Sie die Konstruktion nun in die Spritzpistole ein und führen Sie einige Pumpstöße aus, bis Sie einen deutlichen Wider-stand spüren. Jetzt ist die **Kartusche bereit** und kann ange-setzt werden.

Spritzen Sie die Fuge in der gewünschten Breite langsam von einem zum anderen Ende aus. Setzen Sie die Pistole dabei nach Möglichkeit nicht ab und arbeiten Sie so gleichmäßig wie möglich. Sobald der **Streifen** gezogen ist, sprühen Sie ihn mit etwas Spüliwasser ein.

Zum Schluss ziehen Sie die Fuge mit einem **Silikonglätter** glatt. Jetzt können die Abklebebänder entfernt werden.

Fliesenfugen erneuern

Die **Auswahl** an Fugenmörtel ist sehr groß. Welcher Mörtel für Sie der richtige ist, hängt von der Fliesenart, der Fugenfarbe, der Fugenbreite und der Flexibilität und Trocknungsgeschwindigkeit des Materials ab. Lassen Sie sich daher individuell beraten.

Bevor Sie die **Fugen auskratzen,** sollten Sie die umliegenden Sanitäranlagen und evtl. auch den Boden mit Folie und Malerkrepp abkleben. Da das Auskratzen eine langwierige Arbeit ist, müssen Sie **elektrisches Werkzeug** zu Hilfe nehmen. Es eignet sich ein sogenannter Dremel oder eine Bohrmaschine mit Diamantbohrer. Handelt es sich nur um eine einzige Fuge oder hat man keinen Dremel zur Hand, kann man die Fuge auch mit einem Schlitzschraubendreher vorsichtig ausschaben.

Kratzen Sie die Fugen nun langsam und von oben nach unten sorgfältig aus. Dabei müssen Sie unbedingt darauf achten, die umliegenden **Fliesenkanten** nicht zu beschädigen. Mit einem Cutter entfernen Sie im Anschluss die **Rückstände.** Bevor Sie den neuen Mörtel auftragen, saugen Sie die Fugen mit einem Staubsauger sorgfältig aus.

Den **neuen Mörtel** können Sie in verschiedenen Farben anmischen. Tragen Sie ihn dann mit einem Gummiwischer auf. Wenn alle Fugen gefüllt sind, lassen Sie den Mörtel kurz antrocknen. Anschließend werden die Mörtelreste mit einem feuchten Tuch entfernt.

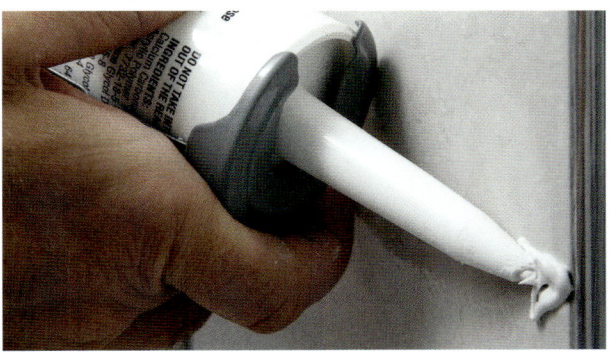

Die Fortgeschrittenen unter Ihnen können sich auch eine kleine Schlüssel mit Wasser und Spülmittel in Reichweite stellen, den Finger in diese tunken und mit leichtem, gleichmäßigem Druck über die frisch gezogene Silikonfuge gehen. Das empfiehlt sich besonders dann, wenn man das Klebeband entfernt hat, da dabei **undichte Stellen** entstehen können.

Bevor die Fuge ausgetrocknet ist, sollte sie nicht mit Wasser in Kontakt kommen. Dies kann einen Tag dauern. Nach dieser **Trocknungszeit** ist die Fuge geschützt!

Micks Tipp:

Es ist sehr schwer, Fugenmörtel in der passenden Farbe zu finden, wenn Sie irgendwann einmal eine Fuge erneuern müssen. Schreiben Sie sich daher, sobald Sie eine Fläche erstmalig verfugen, die Farb- und Chargenbezeichnung des Mörtels auf.

Fliesen

Fliesen verschönern

Die alten Fliesen aus Omas Zeiten sind nicht nur hässlich, sondern auch übersät von Kratzern und alten Bohrlöchern? Es gibt verschiedene Lösungen für dieses Problem: Die aufwändigste wäre das Abschlagen der alten und das Verlegen von neuen Fliesen. Manchmal können Sie aber auch Fliesen auf Fliesen kleben, oder es reicht sogar, die Fliesen überzulackieren. Also, Schluss mit 60er-Jahre-Grün und -Braun oder rosa-gelben Blümchenmustern!

Fliesen lackieren

Ein einfacher Weg, hässliche Fliesen wieder fit zu machen, ist das Lackieren. Pro Quadratmeter Wandfläche sollten Sie dabei 55 ml Lack einplanen. Das Lackieren ist natürlich nur bei unversehrten, gut haftenden und gründlich gereinigten Fliesen sinnvoll.

Der ganze Raum sollte, so gut es geht, von Staub befreit werden, damit sich die feinen Staubkörner nicht in die frische Lackschicht setzen. Am besten verwenden Sie zur **Reinigung** Grundreiniger. Reiben Sie die Fliesen dabei mit einem sauberen, fusselfreien Tuch ab.

Zum Lackieren der Fliesen benötigen Sie Haftgrund, Fliesenlack und transparenten Endlack. Für ein gleichmäßiges Ergebnis empfiehlt sich die Verwendung einer Schaumstoffrolle mit entsprechender Wanne. Wenn die hässlichen Fliesen gereinigt sind und in ihrem grauenhaften Glanz erstrahlen, ist es an der Zeit, diese gleichmäßig mit einem

Schleifvlies anzuschleifen. Natürlich müssen Sie den entstandenen Staub wieder gründlich entfernen.

Reiben Sie dann die Fliesen kreisförmig und gleichmäßig mit Haftgrund ein. Dabei sollten Sie Handschuhe tragen und ein sauberes Tuch verwenden. Wenn der Haftgrund getrocknet ist, können Sie die **erste Lackschicht** mit dem Schaumstoffroller aufbringen.

Nach ca. fünf Stunden wird es Zeit für einen zweiten Streichgang. Sobald auch diese Lackschicht getrocknet ist, tragen Sie den **Transparentlack** auf. Hier können Sie zwischen Seidenmatt und Glänzend wählen. Für den Transparentlack sollten Sie eine **neue Schaumstoffrolle** verwenden und Sie sollten den Lack in dünnen Bahnen gleichmäßig auftragen. Nachdem der Lack getrocknet ist, können Sie ihr Bad wieder in Beschlag nehmen.

Badewanne lackieren

Wenn Ihr Bad in einem „wunderschönen" Altrosé oder Braun erstrahlt und Sie sich dazu entschlossen haben, dem Grauen ein Ende zu bereiten, fallen Ihnen vermutlich nach kurzer Zeit die Badewanne und das Waschbecken ins Auge. Doch auch diese Schandflecke können mit etwas Lack wieder in neuem Glanz erstrahlen.

Für ein gutes Ergebnis entfernen Sie zuerst die **Silikonfuge am Badewannenrand** und kleben Sie die angrenzende Wand und die Armaturen ab. Dann reinigen Sie die Badewanne mit 30-prozentiger Salzsäure. Hierbei sollten Sie vorsichtig sein und zu Ihrem Schutz lösemittelbeständige und flüssigkeitsdichte **Handschuhe und eine Schutzbrille tragen**. Das Kommunionskleid ist hier natürlich nicht die richtige Arbeitskleidung.

Nachdem die Badewanne gründlich gereinigt wurde, rauen Sie die Oberfläche mit feinem Nassschleifpapier an. Ohne diesen **Schleifgang** würde die Farbe nicht auf dem glatten Material haften. Um den Schleifstaub zu entfernen, spülen Sie die Wanne noch einmal aus.

Für die Badewanne gibt es **spezielle Badewannenlacke**. Tragen Sie, sobald die Wanne vollständig getrocknet ist, den Lack in dünnen Bahnen mit einem Schaumstoffroller auf. Beginnen Sie dabei mit den Rändern und Kanten und gehen Sie dann zur Wannenfläche über.

Sobald der Lack getrocknet ist, können Sie die **Abklebebänder entfernen** und die Fugen mit Silikon abdichten. Das vollständige Austrocknen des Lacks kann bis zu einigen Tagen dauern. In dieser Zeit sollten Sie die Wanne nicht benutzen. Die Oberfläche der Wanne wird leicht rau sein. Dies ist aber vollkommen normal.

Fliesen auf Fliesen kleben

Fliesenverlegen ist schon fast etwas für Profis, aber wenn Sie schon die anderen Heimwerkerherausforderungen gemeistert haben, werden Sie hier auch nicht scheitern.

In einigen Fällen können Sie die neuen Fliesen auf die alten Fliesen kleben.

Das erspart nicht nur einiges an Arbeit, sondern auch an Schmutz. Voraussetzung ist dabei, dass sich unter den alten Fliesen keine Feuchtigkeit befindet und dass sie noch **fest an der Wand** haften.

Die **Haftung** können Sie mit einem Gummihammer testen. Sollte sich herausstellen, dass einige Fliesen lose sind, entfernen Sie diese vollständig und spachteln Sie die Fläche bei. Natürlich sollten Sie die Fliesen vor der Weiterbehandlung gründlich reinigen.

Wenn die Fliesen auf ihre Haftung getestet wurden und sauber sind, können Sie die gesamte Fläche mit Haftgrund ein-

kleistern. Besonders geeignet sind dafür **Spezialkonzentrate** für alte Fliesen. Fragen Sie einfach im Baumarkt oder Fachhandel nach.

Die neuen Fliesen müssen dann mit einem **flexiblen Kleber** angebracht werden. Sie können ihn entweder als Trockenmischung auf Zementbasis oder als fertigen Dispersionskleber kaufen. Mischen Sie den Kleber an und verteilen Sie ihn mit einer Glättkelle oder direkt mit einem Zahnspachtel auf den alten Fliesen.

Teilen Sie sich dafür die Wand in Teilstücke ein, und bestreichen Sie ein Stück nach dem anderen, damit der Kleber nicht an einigen Stellen bereits trocken ist, wenn Sie dort beginnen wollen. Mit einem Zahnspachtel wird die aufgetragene Masse durchkämmt, um den Fliesen einen **besseren Halt** zu geben.

Bringen Sie dann die neuen Fliesen von oben nach unten an. Bei der korrekten **Ausrichtung** hilft Ihnen eine Richtschnur und für ein genaues Fugenbild empfehle ich Fliesenkreuze.

Nachdem der Kleber getrocknet ist, schließen Sie die Fugen mit Fugenmörtel. Bringen Sie den Mörtel abschnittsweise auf die Fläche auf und verteilen Sie ihn dann mit einem **Fugenbrett** diagonal zu den Fugen. Die Fugen sollten alle gleichmäßig gefüllt sein. Überschüssigen Mörtel entfernen Sie am besten gleich.

Eck-, Dehnungs- und Anschlussfugen zu Toilette und Waschbecken etc. füllen Sie am besten mit **Sanitärsilikon**. Das Gleiche gilt für den Übergang der Wand zum Boden. Sanitärsilikon kann kleine Bewegungen in der Wand ausgleichen. Wenn alles getrocknet ist, können Sie den neuen Fliesenspiegel mit einem angefeuchteten Schwamm reinigen.

Fliesen abschlagen

Wenn Sie die alten Fliesen nicht überlackieren oder überkleben wollen oder können, kommen Sie nicht darum herum, einen völlig neuen Fliesenspiegel zu legen. Vorher müssen die alten Fliesen aber runter. Diese Arbeit ist wirklich dreckig und laut. Daher sollten Sie eine **Feinstaubmaske**, eine **Schutzbrille** und **Ohropax** tragen.

Halten Sie genug stabile Eimer oder alte Gebinde bereit, um den Schutt aus dem Haus schaffen zu können. Um die anderen Räume zu schützen, sollten Sie die Türen schließen und die Ränder mit Klebeband abdichten. Ansonsten verbringen Sie Tage damit, den Feinstaub aus Ihren Möbeln und Zimmern herauszubekommen. Wenn die **Bodenfliesen** erhalten bleiben sollen, sollten Sie sie mit einem dicken Material abdecken und den Übergang zwischen dem Boden und den Wandfliesen mit einer Flex durchtrennen.

Sobald Sie alles vorbereitet haben, kann es losgehen. Brechen Sie die Fliesen mithilfe eines **Meißelhammers** oder, wer es etwas anstrengender mag, mit einem **Flachmeißel** von der Wand. Wenn die Fliesen abgeschlagen sind, zeigt sich meist eine dicke Schicht Fliesenkleber. Am leichtesten können Sie diesen mit einem Betonschleifer entfernen. Diesen können Sie beim Werkzeugverleih ausleihen. Etwas länger dauert es mit einem Spachtel oder Breitmeißel.

Micks Tipp:
Sollte der alte Fliesenkleber Kunststoffanteile beinhalten, sollten Sie ihn vor dem Abschleifen mit einem Heißluftgebläse erhitzen.

Fliesen verlegen

Ob Sie die Fliesen völlig neu oder auf einen alten Fliesenspiegel verlegen, macht kaum einen Unterschied. Nachdem Sie die alten Fliesen und den Kleber abgeschlagen haben, werden die Wände im Spritzwasserbereich, also rund um die Dusche, die Badewanne und das Waschbecken, mit einer sogenannten **„Duschabdichtung"** gestrichen.

Wenn Sie die Wände vorbereitet haben, mischen Sie den Fliesenkleber in Wasser an. Dabei bitte das Mischungsverhältnis auf der Packung beachten! Zum Anrühren verwenden Sie am besten eine Bohrmaschine mit einem Rührstab.

Nun verteilen Sie die angerührte Masse auf der Wand. Auch hier sollten Sie nicht gleich die ganze Wand einstreichen, damit der Kleber nicht trocknet, bevor Sie am Ende angekommen sind. Legen Sie Ihre **erste Fliese** in eine untere Ecke. Dort muss sie in das Kleisterbett eingedrückt und ausgerichtet werden. Dafür sollten sie unbedingt mit einer Wasserwaage arbeiten. Wenn die erste Platte schief ist, werden alle anderen auch schief! Für einen gleichmäßigen Abstand zwischen den Platten sollten Sie **Fugenkreuze** einsetzen.

Jetzt fliesen Sie die erste Reihe nach oben. Es ist möglich, dass die jeweils letzte Fliese unter der Decke mit einem Fliesenschneider zurechtgeschnitten werden muss. Bei keramischen Wandfliesen reicht es meist, diese anzuritzen. Dann kann man sie problemlos an dieser Stelle brechen.

In der letzten Reihe angekommen, setzen Sie die komplette Fliesenbahn unter der Decke. Jetzt können Sie sich **Bahn für Bahn** und Fliese für Fliese wieder herunterarbeiten. Wenn alle Fliesen an der Wand angebracht sind, können Sie den Fugenmörtel anbringen, wie im Abschnitt „Fliesenfugen erneuern" (s. S. 123) erklärt. Zum Schluss füllen Sie alle Ecken und den Übergang zum Boden mit Silikonmasse aus, die Sie dann mit Spüliwasser besprühen und mit einem Silikonglätter bündig abziehen.

Fliesen austauschen

Fliesen austauschen, klingt erst einmal sehr kompliziert. Und ich muss Ihnen leider sagen, ganz so einfach ist es wirklich nicht. Aber Sie schaffen das! Passen Sie nur auf, dass Sie die anliegenden Fliesen nicht beschädigen.

Bevor Sie die Fliese entnehmen können, müssen Sie die **Fuge wegfräsen**. Hierfür eignet sich eine Bohrmaschine mit Diamantfräskopf oder der Dremel. Es geht, wie oben bereits erwähnt, auch mit einem Schlitzschraubendreher. Achten Sie dabei darauf, dass der Kopf des Schraubendrehers etwas schmaler ist als die Fuge.

Zunächst bohren Sie **ein Loch** in die Fuge, um einen Ansatzpunkt für den Meißel zu haben. Mit dem Meißel meißeln Sie die Fliese vorsichtig ab. Tragen Sie dabei unbedingt eine Schutzbrille, da sich einzelne Splitter von der Fliese lösen können.

Wenn die Fliese vollständig entfernt ist, müssen Sie noch den alten Kleber entfernen. Dies geht am besten mit einem **Schleifgerät**, funktioniert aber auch mit einem Handmeißel.

Sobald der Kleber entfernt und die Fläche gereinigt ist, kleben Sie die Kanten der umliegenden Fliesen ab. Jetzt können Sie den **Fliesenkleber** auftragen und die neue Fliese in Höhe der alten einsetzen. Bis die Fliese gut klebt, kann es bis zu 24 Stunden dauern. Dann füllen Sie die Fuge mit Mörtel.

Fliesen ausbessern

Risse oder Sprünge in der Glasur oder an den Fliesenkanten sehen nicht nur hässlich aus, sondern sie sind auch Gefahrenquellen. Wenn die kaputte Fliese sich an einer uneinsehbaren Stelle befindet, oder Sie kleine Reparaturen im Fliesenspiegel nicht stören, können Sie die Unebenheit einfach mit **spezieller Fliesenspachtelmasse** ausgleichen.

Reinigen Sie die Fliese gründlich und tragen Sie die Masse auf. Sie wird dann mit einem **Spachtel** glattgezogen. Wenn der Riss nach der Trocknungszeit noch zu sehen ist, sollten Sie das Ganze wiederholen.

ZDF FernsehGarten

Sendung
Wissenswertes rund um die Fliese

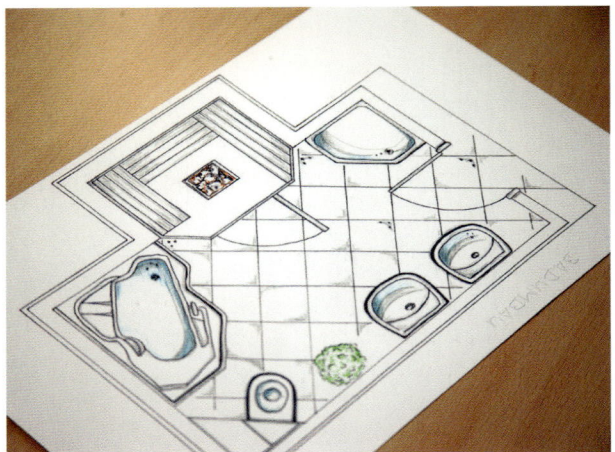

Siffon

Verstopfter Siffon

Seien Sie gewarnt: Diese Arbeit kann eklig werden. Trotzdem ist sie manchmal notwendig und nicht so kompliziert, als dass Sie sie nicht selber machen könnten. Einen verstopften Abfluss erkennen Sie daran, dass das Wasser nur zögerlich abläuft und es zu Blubbergeräuschen kommt.

Wenn Sie das **Vorsieb** bereits gereinigt haben und sich der Zustand nicht verbessert hat, stellen Sie einen Eimer unter Ihr Waschbecken und schrauben Sie den unteren Rohrbogen ab.

Ein Siffon ist ein Schraub- und Steckverbindungssystem und besteht aus mehreren Teilen. Die **Montage bzw. Demontage** sollte ohne Werkzeug durchgeführt werden, da durch den Einsatz von z. B. einer Wasserpumpenzange die Schraubverbindungen und die Dichtungen beschädigt werden können.

Sobald Sie das Rohr abnehmen, kommt Ihnen dreckiges Restwasser entgegen. Nicht wundern, das ist normal. Jetzt können Sie die einzelnen Stücke abnehmen und mit einer Bürste schrubben. Zum **Reinigen** verwenden Sie am besten Essigessenz. Sie entfernt alle Kalkrückstände.

Wenn Sie die Rohre gereinigt haben, schrauben Sie sie wieder an den alten **Kontaktstücken** fest. Das ist wirklich ganz unkompliziert und kostet nicht viel Zeit. Sollte der Abfluss danach allerdings immer noch verstopft sein, rufen Sie einen Fachmann an, um die Ursache abzuklären.

Außerdem: Sollten Sie Rohrreinigungsmittel verwenden, müssen Sie unbedingt die Gebrauchsanweisung befolgen. Rohrreinigungsmittel können bei falscher Anwendung zur Verstopfung der Rohre führen. Wird die Dosierung und die Einwirkzeit überschritten, kann sogar das Fallrohr in der Wand verstopfen und muss durch eine Fachfirma aufgefräst und erneuert werden.

Tropfender Siffon

Sie kommen guter Dinge in Ihr Badezimmer, kurz noch einmal in den Spiegel schauen, die Haare sitzen und hoppla – eine Pfütze auf dem Boden unter dem Waschtisch. Sie sehen einen Tropfen, der gerade dabei ist, genüsslich die Pfütze zu erweitern.

Das bedeutet im Klartext: Ihr Siffon ist undicht. Was nun? Erste Hilfe, logisch: Wasser wegwischen und einen leeren Eimer unterstellen. Wie gesagt, erste Hilfe ...

Micks Tipp:

Bevor Sie zur Chemiekeule Rohrreiniger greifen, versuchen Sie es doch mal mit einem ½ Liter Cola. Schütten Sie die Cola in den Siffon und lassen Sie sie über Nacht einwirken. Bei kleineren Verstopfungen kann dies Wunder bewirken.

Zur regelmäßigen „Wartung" des Siffons eignen sich auch Tabs zur Reinigung des Zahnersatzes. Alle drei Monate einen Tab in den Siffon geben, einwirken lassen und nachspülen.

Sie werden nicht darum herum kommen, der Sache auf den Grund zu gehen, und müssen, wie im Abschnitt „Verstopfter Siffon" beschrieben, die Sache in die Hand nehmen. Da Sie bereits gesehen haben, wo sich die Tropfen bilden, ist die **undichte Stelle** schnell ausgemacht.

Sollte sich die undichte Stelle an einer **Schraubverbindung** befinden, überprüfen Sie zunächst, ob diese richtig festgezogen ist. Sollte das der Fall sein, schrauben Sie die Verbindung auseinander. Falls Ihr Siffon nicht aus ästhetischen Gründen schon seit Längerem auf Ihrer Einkaufsliste steht, müssen Sie jetzt nicht sofort einen neuen kaufen.

Sie benötigen für undichte Schraubverbindungen nur das richtige **Abdichtungsmaterial: Teflonband**. Bei Teflonband handelt es sich um ein modernes Gewindedichtmaterial, mit dem man schnell und unkompliziert Rohrgewinde abdichten kann. Bevor Sie das Band anbringen, muss das Gewinde gereinigt und trocken sein. Befestigen Sie das Band vom Ende des Gewindes aus zum Rohrende hin. Das Teflonband sollte möglichst stramm um die undichte Stelle gewickelt werden. Das Band sollte sich dabei jeweils bis zur Hälfte überlappen. Sollte das Band einmal reißen, darf es unter keinen Umständen in die Leitung kommen.

Wenn Sie ein **Linksgewinde** haben, wickeln Sie das Band linksherum und bei einem **Rechtsgewinde** rechtsherum. Und dabei immer schön stramm und fest bleiben! Am Ende können Sie das Teflonband einfach abreißen und von außen festdrücken. Beim Verschrauben wird das Band so in das Gewinde gedrückt, dass es dort alles abdichtet. Nachjustieren ist allerdings nicht möglich.

Auf diese Art abgedichtete Rohre können Sie auch nach einigen Monaten ohne Probleme wieder auseinanderschrauben. Nur einfach wieder zusammenschrauben geht leider nicht! Wenn Sie die Verbindung einmal gelöst haben, müssen Sie das **alte Band entfernen** und durch ein neues Band ersetzen.

Siffon am Wandanschluss undicht

Wenn der Siffon am Wandanschluss undicht ist, liegt das vermutlich am Muffen. Ja, Sie haben richtig gelesen, aber Muffen ist tatsächlich der anerkannte Fachbegriff.

Der Wandanschluss des Siffons steckt in einer Dichtung im Abwasserrohr. Diese liegt bündig an oder befindet sich kurz hinter der Wand. Sollten Sie hier ein plötzliches Problem mit tropfendem Wasser haben, liegt dies in der Regel an einem verstopften Rohr, welches sich in der Wand befindet. In solchen Fällen ist es ratsam, einen **Fachmann** hinzuzuziehen, der die Angelegenheit am besten beurteilen kann.

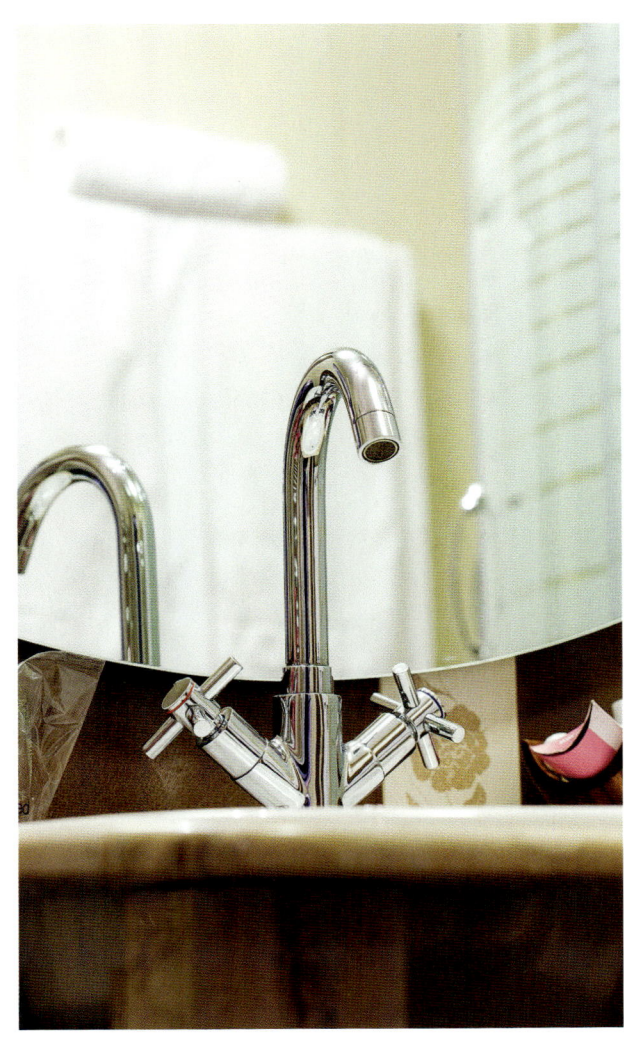

Bad

Waschtischarmatur anschließen

Ihre alte Armatur tropft und hat ihre besten Tage hinter sich? Dann ist es Zeit für eine neue. Im Baumarkt oder Fachhandel gibt es von einfach bis edel alles, was das Herz begehrt. Wenn Sie sich das neue Schmuckstück ausgesucht haben, ist es Zeit für den Wechsel.

Drehen Sie den **Absperrhahn** und die Armatur ab und markieren Sie die Schläuche für die jeweilige Zuleitung mit einem Klebeband und Pfeil (blauer Pfeil = Kaltwasser, roter Pfeil = Warmwasser). Jetzt drehen Sie die alten Armaturenleitungen mit einem passenden Maulschlüssel ab.

Dabei sollte ein Schraubverschluss mit einem Schlüssel festgehalten werden, während am Gegenstück des anderen geschraubt wird. Zum **Kontern** können Sie dabei einen Schlüssel in gleicher Größe oder eine kleine Pumpen- oder Wasserrohrzange verwenden.

Wenn alle Anschlüsse für die Wasserzufuhr von der Wasserleitung zur Armatur gelöst sind, müssen Sie von unten die lange Armaturschraube mit der entsprechenden Mutter suchen. Lösen Sie die Mutter mithilfe eines **Steckschlüssels.** Darunter befindet sich eine Unterlegscheibe. Die Armatur ist jetzt wackelig. Sobald die Mutter und alle Schlauchverbindungen gelöst sind, können Sie die Armatur oben aus dem Waschbecken herausziehen.

Jetzt fügen Sie einfach die **neue Armatur** ein, drehen sie mit ihrer Mutter fest und verbinden die entsprechenden Leitungen. Und schon können Sie Ihr Waschbecken wieder in Betrieb nehmen.

Spiegel anbringen

Spieglein, Spieglein an der Wand, wer ist der oder die Schönste im ganzen Land? Damit Sie Ihrem Spiegel diese Frage stellen können, möchte ich Ihnen eine Möglichkeit der Spiegelaufhängung vorstellen.

Extra für diesen Zweck gibt es sogenannten **Spiegelkleber** als doppelseitiges Klebeband. Dieser ist eine gute und einfache Alternative zu Bohrlöchern und Dübeln, die besonders in Fliesen nicht gerne gesehen werden. Spiegelkleber ist so robust und klebestark, dass er sogar Spannungen von Wärme oder Feuchtigkeit ausgleichen kann. Dies ist bei der Befestigung von Glas bzw. Spiegeln auf anderen Untergründen unumgänglich.

Spiegelkleber kann allerdings nur auf festem Untergrund angebracht werden. Kleine Unebenheiten kann er ausglei-

In Fliesen bohren

chen, bei größeren ist die **Klebekraft** jedoch nicht mehr sicher gewährleistet. Im schlimmsten Fall folgt dann der Spiegelbruch und sieben Jahre Pech. Und das will ja keiner. Damit Sie nicht vom Pech verfolgt werden, habe ich hier eine Anleitung für Sie.

Wie immer muss zuerst der **Untergrund,** an dem das doppelseitige Klebeband angebracht werden soll, gereinigt werden. Da Spiegel je nach Stärke und Größe unterschiedlich schwer sind, sollten Sie zur Ermittlung der richtigen Klebebandmenge unbedingt die herstellerabhängigen Tabellen lesen. Kleben Sie dann das Band nach Herstellerangaben in senkrechten Streifen auf die saubere und trockene Spiegelrückwand.

Halten Sie den Spiegel nun an die gewünschte Stelle an der Wand und schauen Sie, ob alles passt. Erst dann, wenn Sie sich hundertprozentig über die **gewünschte Position** sicher sind, entfernen Sie die Schutzfolien von den Klebestreifen und drücken diesen mindestens eine halbe Minute lang an die gewünschte Stelle. Ein Korrigieren ist nicht mehr möglich.

Natürlich können Sie den Spiegelkleber auch für andere Dinge verwenden. Bedenken Sie aber immer: Der hält bombenfest! Lösen lassen sich die Gegenstände dann kaum. Kaum heißt natürlich nicht, gar nicht. Aber das **Ablösen** ist definitiv nicht so einfach. Bei einem Spiegel, der mit Längsstreifen an der Wand verklebt ist, können Sie einen langen Draht mit Holzgriffen an jedem Ende zwischen den Spiegel und die Wand schieben und dann versuchen, mit Zieh- bzw. Schneidebewegungen die Verbindung zu lösen.

Sie müssen in Ihrem Badezimmer ein Loch in die Fliesen bohren. Das ist erstmal ärgerlich. Wenn Sie vermeiden möchten, dass die Fliesen brechen, sollten Sie einige **Hinweise** beachten.

Bevor Sie die Bohrmaschine ansetzen, ritzen Sie die Fliesenoberfläche an der zuvor markierten Stelle mit einem Körner an. Hämmern Sie dafür sehr vorsichtig auf die Oberfläche. Kleben Sie jetzt die Stelle mit **Kreppband** ab. Auf dem Kreppband hat der Bohrer einen besseren Halt. Für die Bohrmaschine wählen Sie einen dünnen Steinbohrer oder einen Spezialbohrer.

Setzen Sie die Bohrmaschine nun an und beginnen Sie, so langsam und vorsichtig wie möglich zu bohren. Dabei sollte die Schlagfunktion natürlich ausgeschaltet sein, sonst reißt die Fliese schneller, als Sie gucken können. Sobald Sie die ganze Fliese durchstoßen haben und auf die Wand treffen, können Sie auf **Schlagfunktion** umschalten.

Bohren Sie nun so tief, wie für den Dübel notwendig. Da Sie zuerst mit einem sehr schmalen Bohrer gebohrt haben, ist es nun evtl. notwendig, mit einem breiteren Bohrer das Loch auf die gewünschte Größe zu erweitern. Auch hier sollten Sie bis die Fliese durchbohrt ist auf die Schlagfunktion verzichten. Im besten Fall haben Sie nun ein rissfreies Loch vor sich. Ansonsten empfehle ich Ihnen den Abschnitt „Fliesen ausbessern" (s. S. 127).

Bad

Elektrik

Die Wand erstrahlt, der Boden blitzt, und das Sonnenlicht taucht den Raum durch die neuen Vorhänge in ein warmes, gemütliches Licht. Das schreit nach der passenden, stimmungsvollen Musik, mit der sich die restlichen Arbeiten quasi wie von selbst erledigen.

Beschwingt und motiviert kramen Sie also das Küchenradio hervor, Stecker in der Hand und – Mist! Die Wände strahlen nach wie vor freundlich vor sich hin, aber ... keine Steckdosen! Und bei genauerer Überlegung sind Sie zwar in die neuen Räumlichkeiten eingezogen, haben es aber noch nicht geschafft, diesen Umstand auch Ihrem Stromanbieter mitzuteilen.

Daran sollten Sie schleunigst etwas ändern, denn spätestens bis zum nächsten FernsehGarten muss zumindest der Fernseher stehen. Also keine Zeit verlieren!

Achtung, Safety First!

Bevor wir in die knisternde Welt der Ströme und Kabel eintauchen, muss ich an dieser Stelle für einen Augenblick ernst werden. Denn mit Elektrizität ist nicht zu spaßen! Zwar werden wir uns in diesem Kapitel auf einfache Alltagsaufgaben beschränken. Gewöhnen Sie sich trotzdem schon jetzt an die oberste Grundregel im Umgang mit Strom: Hirn rein, Sicherungen raus!

Dennoch: Wenn Sie sich unsicher fühlen oder etwas nicht richtig verstanden haben, holen Sie sich Hilfe und lassen jemand mit Erfahrung seine Finger an die Drähte halten! Die andere oberste Grundregel lautet nämlich: Better safe than sorry!

Sicherheitstipps im Umgang mit Elektrizität

• Achten Sie bei jedem verwendeten Produkt auf die Sicherheits- und Gütesiegel sowie auf beigefügte Sicherheitshinweise! Wichtige Siegel sind das VDE-Zeichen und das GS-Zeichen für geprüfte Sicherheit.

• Insbesondere in Kinderzimmern sollten alle Steckdosen mit **Kindersicherungen** geschützt werden. Unterschätzen Sie nicht den Spiel- und Entdeckertrieb Ihrer Kleinen!

• Informieren Sie andere Menschen in Ihrem Haushalt über Ihre Arbeiten, damit niemand aus Versehen den Strom wieder einschaltet. Kleben Sie zur Sicherheit noch einen **Hinweiszettel an den Sicherungskasten**!

• **Prüfen** Sie vor Beginn Ihrer Tätigkeit, ob die Leitungen tatsächlich spannungsfrei sind. Wie das funktioniert, erkläre ich Ihnen im nächsten Abschnitt.

• Egal, für wie erfahren Sie sich halten: Starkstrom, der Hausanschluss, die Hauptsicherung und die Zähler sind absolut **tabu**. Finger weg und Profi rufen!

• Auch elektrische Geräte gehen mal kaputt. Dann sollten Sie bei der Reperatur aber auch den **Stecker ziehen**, um Kollateralschäden in Ihren Leitungen zu vermeiden.

• Fassen Sie keine offenen Leitungen oder Metallbauteile an! Hier kann noch eine **Restspannung** vorhanden sein, auch wenn das Gerät nicht mehr mit dem Stromnetz verbunden ist.

• Beschädigte Kabel, Leitungen und Anschlüsse sollten ausgetauscht werden. Widerstehen Sie der Versuchung, die Problemstellen notdürftig zu reparieren. Das wäre an der **falschen Stelle gespart**.

• Sie tragen die **Verantwortung** für Ihre Arbeiten – auch, wenn etwas schiefgeht. Das sollten Sie stets im Hinterkopf behalten.

Nun habe ich Sie aber genug verunsichert. Es wird Zeit, dass wir wieder etwas Konkretes anpacken. Wir beginnen mit etwas gänzlich „Unspannendem".

Strom anmelden!

Bevor Sie auch nur entfernt daran denken können, irgendwelche Leitungen zu verlegen und Schalter zu installieren, müssen Sie erstmal die Grundvoraussetzung schaffen und sich bei einem Stromanbieter anmelden. Wahrscheinlich haben Sie sogar schon einen, dem Sie lediglich die neue Anschrift mitzuteilen brauchen. Das ist die unproblematischste Variante und oftmals bereits mit einem Anruf erledigt.

Viele Menschen ergreifen die Gelegenheit eines Umzugs allerdings auch, um sich – vielleicht zum ersten Mal – genauer mit ihren **Stromkosten** auseinanderzusetzen. Dabei kann sich herausstellen, dass in ihrer konkreten Situation der Anbieter XY wesentlich günstiger ist als ihr bisheriger Versorger.

Wenn Sie nun die Gunst der Stunde nutzen möchten, um zu einem neuen Stromanbieter zu wechseln, müssen Sie sich zunächst bei Ihrem alten **Stromanbieter** abmelden bzw. den Vertrag kündigen. Achten Sie auf eventuelle Fristen, damit die Abmeldung auch wirklich zum Umzugstermin greift! Üblich ist eine Kündigungsfrist von vier Wochen.

Haben Sie sich für einen neuen Anbieter entschieden, beispielsweise nach einem Vergleich mithilfe von Fachportalen im Internet, können Sie sich mit den entsprechenden Unterlagen dort anmelden. Fragen Sie aber vorher unbedingt nach etwaigen **Fristen**. Je nach Unternehmen kann eine Bearbeitungszeit von vier bis acht Wochen anfallen. Stimmen Sie dies mit der Kündigung bei Ihrem alten Versorger ab!

„Ich bin aber schon umgezogen. Vorher habe ich es einfach nicht geschafft!"

Keine Sorge! Selbst, wenn Sie gar nichts unternehmen, werden Sie in Sachen Elektrizität nicht auf dem Trockenen sitzen. In dem Fall werden Sie nämlich automatisch beim Grundversorger Ihrer Region angemeldet – natürlich zu dessen Tarif. Nach Ablauf der Kündigungsfrist können Sie jedoch diesen Vertrag kündigen und zu einem anderen Anbieter wechseln. Beachten Sie aber weiterhin die Fristen und Bearbeitungszeiten! Viele Stromanbieter am Markt übernehmen mittlerweile den gesamten Kündigungs- bzw. Ummeldeprozess für Sie. Fragen Sie einfach mal nach!

Prüfen, Messen, Reparieren: Ihr Werkzeug

Im ersten Kapitel haben wir uns bereits eine ordentliche Heimwerker-Grundausstattung zugelegt, mit der wir eigentlich alle Alltagsaufgaben spielend meistern. Um sicher und möglichst „schlagfrei" mit Elektrik umgehen zu können, müssen wir das Set an dieser Stelle noch um ein paar praktische Hilfsmittel erweitern.

Sofern nicht schon vorhanden, sollten Sie Ihrer Ausrüstung diese Werkzeuge hinzufügen:

1 Spitzzange

1 Seitenschneider

1 Kombinationszange

1 Schraubendreher

1 Kreuzschlitz – Schraubendreher

1 Spannungsprüfer (1–polig)

1 Abmantelzange

1 Universalmesser

Für Unterputz – Projekte wie Steckdosen sollten sie außerdem diese Dinge griffbereit haben:

1 Hammer oder Fäustel

1 Meißel

1 Zollstock

1 Bleistift

1 Glockenbohrer (für Beton, Putz, Stein) bzw.

1 Hohlwanddosenfräser (für Plattenbaustoffe)

Spachtelmasse

Phasenprüfer

Wie in meinen Sicherheitstipps erwähnt, ist vor Beginn jeglicher Arbeiten immer zu prüfen, ob der Strom abgeschaltet und die Leitungen spannungsfrei sind. Damit wir das nicht mit bloßen Fingern tun müssen, ist die Anschaffung eines Phasenprüfers ein Muss für alle in diesem Kapitel besprochenen Projekte.

Der Phasenprüfer ist ein **Spannungsprüfer** für elektrische Leitungen. Es gibt ihn in zwei Varianten: 1-polig und 2-polig. Ohne zu sehr in technische Details zu gehen, rate ich Ihnen zur 2-poligen Ausführung. Mit dieser können Sie nämlich nicht nur die Spannung an der Leitung selbst messen (mit dem ersten Pol), sondern gleichzeitig auch an Schutz- und Neutralleitern (mit dem zweiten Pol). Damit haben Sie eine wesentlich genauere Aussage zur tatsächlichen Spannung.

Die Messung führen Sie durch, indem Sie beim **1-poligen Phasenprüfer** (kleiner, isolierter Schlitzschraubendreher mit transparentem Griff) die Prüfspitze an die zu testende Leitung halten (oder in die Steckdose stecken) und einen Finger auf den sich am oberen Ende des Griffes befindenden Metallkontakt legen. Ist Spannung vorhanden, leuchtet im Phasenprüfer eine kleine Leuchtdiode auf. Sie sollten aber auf jeden Fall zuvor sichergehen, dass der Phasenprüfer einwandfrei funktioniert. Prüfen Sie dies an einer Steckdose, an der bereits ein funktionierendes Gerät angeschlossen war.

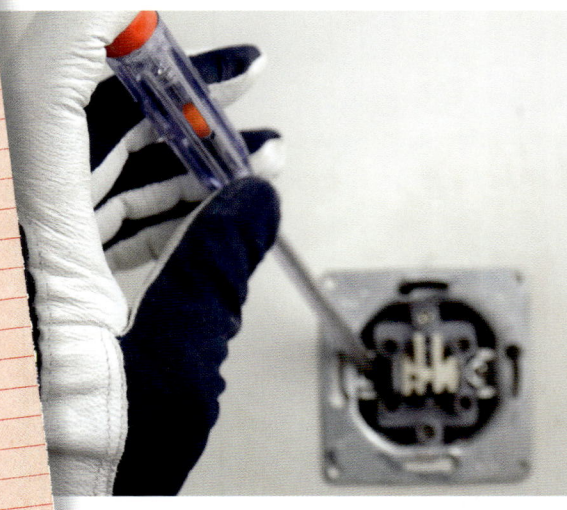

Kleine Leiterkunde

Wo keine Leitung ist, kann auch nichts fließen. Leuchtet ein, oder? Daher sollten Sie sich bei elektrischen Arbeiten auch immer in irgendeiner Form mit Drähten, Kabeln, Leitungen auseinandersetzen. Da Sie aber nur ein bisschen Heimwerken und keine Elektriker-Ausbildung absolvieren, wollen Sie weniger verstehen, was da wie und warum so genau vor sich geht, sondern sich nur mit den „hard facts" beschäftigen, die Sie für Ihr Schaffen auch wirklich brauchen.

Der **2-polige Prüfer** verfügt über eine weitere Spitze für den Neutral- bzw. Schutzleiter. Je nach Modell und Hersteller des Geräts wird eine vorliegende Spannung entweder durch eine Kontrolllampe dargestellt oder über ein Display, das Ihnen sogar die genaue Spannungshöhe verraten kann.

Der Markt bietet mittlerweile eine Fülle solcher Geräte an, die neben der reinen Phasenprüfung auch für andere Tests und Messungen benutzt werden können. Sie können zwischen **analogen und digitalen Ausführungen** wählen. Solche Detailfragen sollen jetzt aber keine Rolle spielen. Wichtig ist, dass Sie überhaupt ein funktionierendes Gerät zur Hand haben und es auch benutzen.

Für dieses Kapitel müssen Sie in Sachen Leiter eigentlich nur zwei Dinge hinkriegen: Das richtige Kabel finden und schadenfrei an sein Innenleben, die Leitungsdrähte oder Adern, herankommen.

Farbkodierung der Leiter

Zur leichteren Orientierung bei der Arbeit mit elektrischen Leitern und um Verwechslungen der Kabel zu vermeiden, sind die Isolierungen unterschiedlich eingefärbt. Die gebräuchlichen Zuordnungen sind in dieser Tabelle übersichtlich zusammengefasst:

Leiterbezeichnung	Alphanummerische Kennzeichnung		Farbe
	heute	früher	
Außenleiter 1	L1	R	meist schwarz oder braun
Außenleiter 2	L2	S	meist schwarz oder braun
Außenleiter 3	L3	T	meist schwarz oder braun
Neutralleiter	N	Mp	blau[1]
Schutzleiter	PE	SL	grüngelb[2]
PEN – Leiter (Neutralleiter mit Schutzfunktion)	PEN	Mp	grüngelb[2]
Erde	E	E	nicht festgelegt

[1] Ist kein Neutralleiter vorhanden, kann der blaue Leiter auch für andere Zwecke, nicht aber für den Schutzleiter, verwendet werden.

[2] Die Kennzeichnung Grüngelb darf für keinen anderen Leiter verwendet werden.

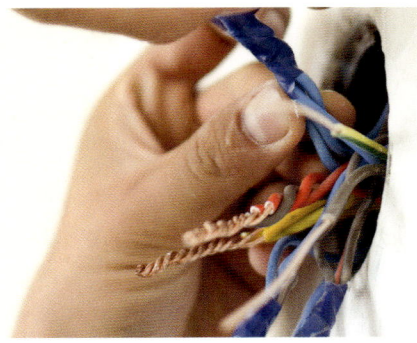

Leiter abmanteln und isolieren

Sie wissen jetzt, dass die unterschiedlichen Leiter durch besondere Farben der Isolierung gekennzeichnet sind. Aber wie kommt man nun ans Eingemachte, die Drähte unter dem bunten Plastik? Das sind ja schließlich die Adern, die Sie irgendwo anschließen möchten, um den Strom zum Fließen zu bewegen.

Hier schlägt die Stunde Ihrer Abmantelzange oder Ihres Kabelmessers mit sogenannter Abmantelvorrichtung. Gehen Sie folgendermaßen vor:

1. Nehmen Sie das Kabel buchstäblich in die Zange. Dabei üben Sie mit dem Daumen **etwas Druck** aus.

2. Machen Sie ein bis zwei **Umdrehungen** mit dem Messer oder der Zange. Wie ein Chirurg setzen Sie nun einen **Längsschnitt** an.

3. Die **Plastikummantelung** sollte sich nun relativ einfach abziehen lassen. Eventuell hilft etwas Drehen. Die einzelnen Adern liegen frei.

4. Zum Schluss knipsen Sie mit dem **Drahtschneider** das letzte Stückchen Kupferdraht ab. Die offenen Adern sichern Sie mit Klemmen oder Aderendhülsen, die über die Drähte gezogen und zusammengepresst werden.

Steckdosen

Jetzt aber Butter bei die Fische! Wir wollen Strom, und zwar satt! Aber nicht nur das: Wir sind auch schon wieder mitten in der Deko- und Stilthematik. Denn die Zeiten der langweiligen Einheitsdosen und vergilbten Kippschalter sind glücklicherweise schon lange passé. Trotz normierter Größenvorgaben können Sie zwischen verschiedenen Designs und Funktionen wählen und so Ihrem Heim auch bei diesem Detail eine individuelle Note geben. Wir beginnen gleich mit ein wenig spannender Theorie.

Aufputz und Unterputz

Je nach den äußeren Gegebenheiten werden Aufputz- oder Unterputz-Steckdosen verwendet. Damit unterscheidet man zwischen Dosen, die richtig in die Wand eingebaut werden (Unterputz), oder Dosen, die darauf aufgesetzt werden (Aufputz). Die zweite Vorgehensweise hat den Vorteil, dass man hier nicht erst die Wand öffnen muss. Dafür ist die Steckdose anschließend auch deutlich an der Wand sichtbar.

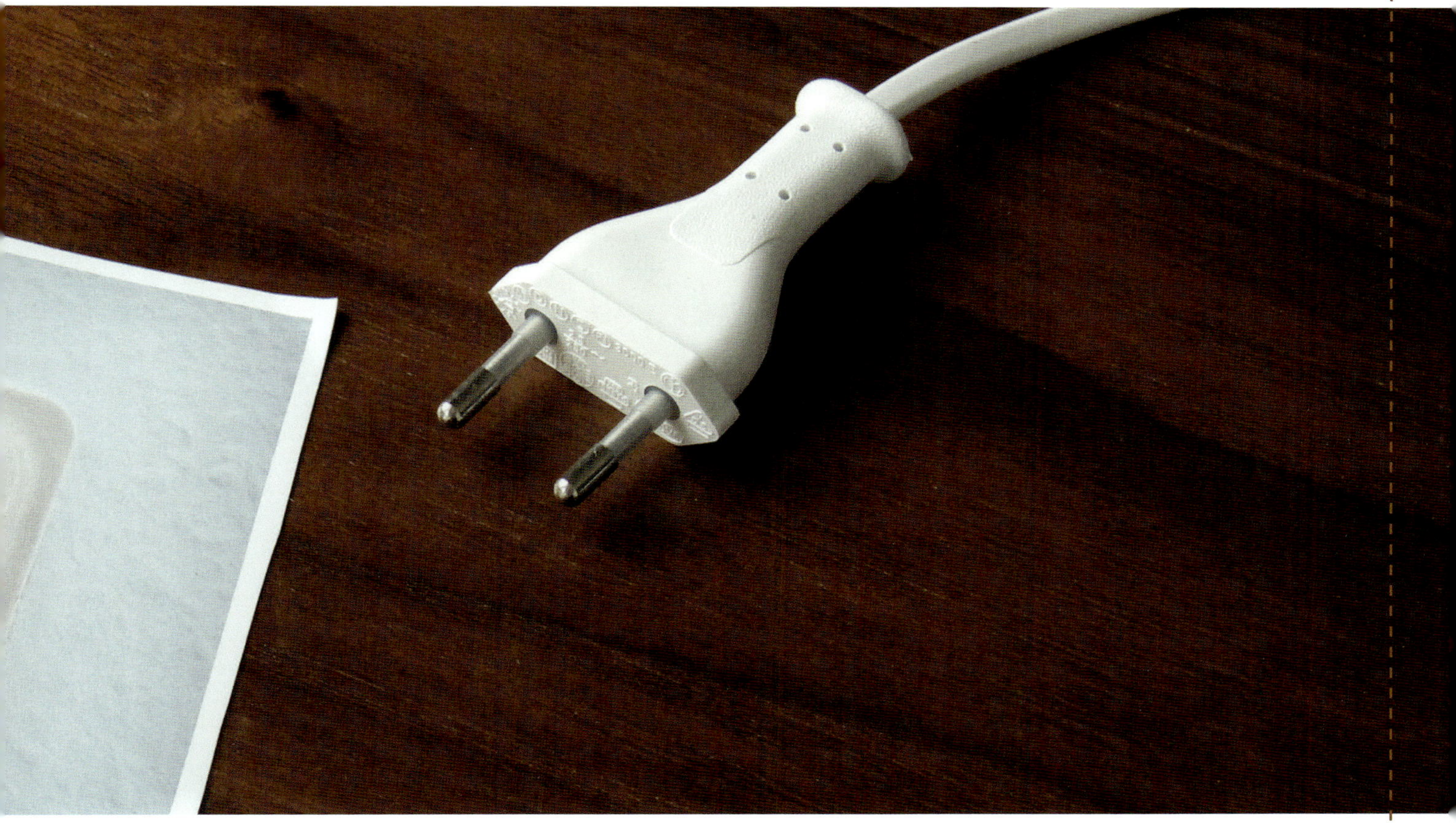

In Wohnräumen kommen daher fast ausschließlich die unauffälligen Unterputzdosen zum Einsatz. Deshalb wollen wir uns hier auf diese Variante beschränken und daran die zwei typischsten Aufgaben zusammen durchgehen: Wie installiere ich eine zusätzliche Steckdose? Wie tausche ich eine vorhandene Steckdose aus?

Ich gehe davon aus, dass in Ihren Räumen bereits eine funktionstüchtige Stromzuleitung verlegt wurde und auch schon ein paar nackte Unterputzdosen aus den Wänden gucken.

Unterputz-Steckdose installieren

Vorsicht: Bei älteren Installationen, die noch nicht über einen FI-Schutzschalter verfügen, kann es sein, dass Sie selbst keine weiteren Steckdosen anbringen dürfen. Informieren Sie sich vorher!

Es stellt sich im Nachhinein eigentlich immer heraus, dass die Anzahl und/oder Position der Steckdosen unbefriedigend ist. Ein Fluch, dem Sie nur durch Aufrüsten entgehen können. Gehen wir es wieder Schritt für Schritt an:

1. Ich werde nicht müde, es zu wiederholen: Zuallererst die entsprechenden **Sicherungen ausschalten**! Nur spannungsfreies Arbeiten ist entspanntes Arbeiten.

2. Sie können die neue Steckdose überall dort anbringen, wo es eine **Verteilerdose** gibt bzw. von wo aus Sie eine Verbindung zur Verteilerdose legen können.

3. Um die Verbindung zwischen Verteilerdose und Steckdose herzustellen, müssen Sie einen kleinen **Kanal** in die Wand einarbeiten, durch den sie später das Verbindungskabel führen können. Verwenden Sie dazu Hammer und Meißel.

4. Das Ende des Kabelkanals markiert die **Position** für die Steckdosenöffnung. Diese können Sie entweder ebenfalls mit Hammer und Meißel oder mit dem für Ihre Wand passenden Bohrer aushöhlen.

5. Bevor Sie die Dose in die Öffnung einsetzen, öffnen Sie eine der **Sollbruchstellen** in der Dose und führen das Stromkabel durch die entstandene Öffnung in die Steckdose ein.

6. Nun können Sie ausgehend von der Steckdose das Stromkabel durch den Kanal bis zur Verteilerdose und dort durch die vorgesehene **Öffnung** verlegen.

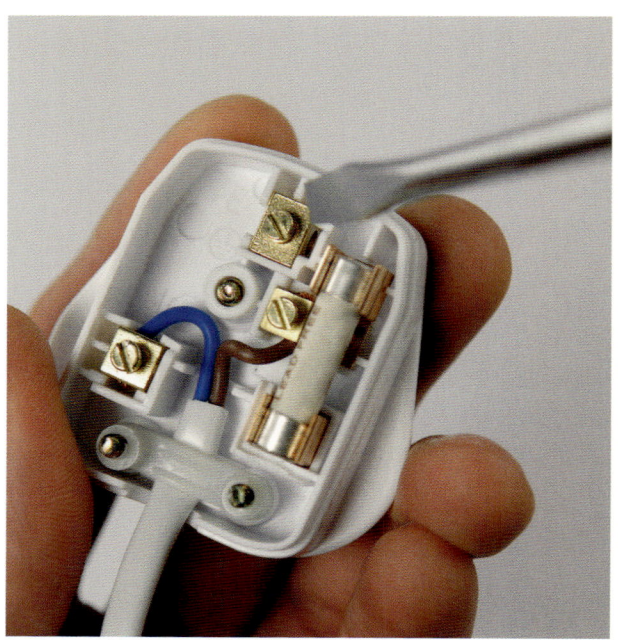

7. Die **Kabelenden** müssen Sie nun abmanteln, wie ich es Ihnen weiter vorne in diesem Kapitel beschrieben habe (s. S. 138).

8. Die freigelegten Drähte schließen Sie zuerst an der Steckdose an: Sie sollten einen schwarzen, einen blauen und einen gelb-grünen Draht sehen. Der schwarze ist der Außenleiter. Dieser wird an der Steckdose mit dem **linken Pol** verbunden. An den **rechten Pol** kommt der blaue Draht. Das ist der **Neutralleiter**. Übrig bleibt der gelb-grüne Schutzleiter. Dieser kann in der Mitte der Dose eingeklinkt werden.

9. Nach erfolgreicher Verkabelung verschrauben Sie die Steckdose nun fest in der Wand und bringen die **Front** an.

10. Das andere Kabelende verbinden Sie nun mit der Verteilerdose. Die **Verkabelung** erfolgt nach demselben Schema wie am anderen Ende. Hier ist das Verkabeln allerdings ein-

facher, da die passenden Verbindungskabel bereits vorhanden sind. Sie müssen lediglich aufpassen, die richtigen Farben zusammenzubringen.

11. Wenn die Kabel fest verbunden sind, können Sie auch die Verteilerdose wieder ordentlich verschließen. Jetzt ist auch ein guter Augenblick, **Ausbesserungsarbeiten** um die beiden Dosen und den Kabelkanal herum vorzunehmen.

12. Zuletzt schalten Sie den Strom am **Sicherungskasten** wieder ein. Ihre zusätzliche Steckdose ist nun einsatzbereit.

Schalter-Steckdose

Irgendwann ist bei jeder Steckdose der sprichwörtliche Lack ab oder man ist aus anderen Gründen damit nicht mehr zufrieden und sehnt sich nach Veränderung.

In Zeiten steigender Strompreise ist es außerdem ein Verdienst an der Umwelt, wenn wir unseren eigenen **Verbrauch** gering halten. Auch kleine Einsparungen summieren sich über das Jahr und können auf der Abschlussrechnung auch einen spürbaren Unterschied für Ihren Geldbeutel machen.

Machen Sie sich bewusst, dass wir immer mehr elektrisches Gerät in unseren vier Wänden horten und immer weniger dieser Helfer noch über einen echten An/Aus-Schalter verfügen. Stattdessen dämmert alles im **Stand-By-Schlummerschlaf** träge vor sich hin und verbraucht weiter munter Energie. 24 Stunden am Tag. 7 Tage die Woche. Da sind die knallhar.

Eine praktische Alternative zum umständlichen „Steckerziehen" sind Steckdosen, die über einen eingebauten **Netzschalter** verfügen. Einfach Knöpfchen drücken, und Schluss ist mit dem dreisten Dauerverbrauch.

Der **Austausch** Ihrer alten Steckdose durch eine Schaltersteckdose ist mit wenigen, einfachen Handgriffen verbunden. Da Sie bereits den Abschnitt über die Installation einer zusätzlichen Steckdose durchgearbeitet haben (oder?), wird dies das reinste Kinderspiel.

1. **Strom abschalten**! Leitungen prüfen! Ich hoffe, dass Ihnen dieses Ritual bereits in Mark und Bein übergegangen ist.

2. Zuerst kommt die **Verkleidung** der alten Steckdose runter. Mit einem Schraubendreher entfernen Sie die Halterschraube in der Mitte. Dann können Sie die Blende abnehmen.

3. Vor Ihnen liegt die eigentliche Steckdose, die links und rechts mit kleinen Schrauben befestigt ist. Sie prüfen mit Ihrem **Phasenprüfer** noch einmal, ob die Leitungen wirklich spannungsfrei sind, und lösen die Befestigungen.

4. Nun lösen Sie die **Leitungsdrähte** aus der Dose. Die Steckdose ist somit vollständig befreit und kann zur Seite gelegt werden.

5. Die Drähte sind, wie ich bereits beschrieben habe, gemäß ihrer **Funktion farblich kodiert**. Der gelb-grüne Schutzleiter wird wieder in der Mitte der Dose eingeklemmt. Den schwarzen Draht verbinden Sie mit der Buchse des Steckdosenschalters, der blaue Draht gehört in den linken Eingang der Dose.

6. Setzen Sie die verkabelte Steckdose wieder in die Wandöffnung und fixieren Sie sie mit den beiden **Befestigungsschrauben**. Die Blende können Sie ebenfalls wieder anbringen.

7. Schalten Sie den Strom wieder ein. Benutzen Sie den **Phasenprüfer** oder ein elektrisches Gerät, um Steckdose und Schalter auf ihre Funktionsfähigkeit zu testen.

Elektrik

Beachten Sie folgende Hinweise:

• Lichtschalter auf „Aus" reicht nicht! Gehen Sie zum **Sicherungskasten** und schalten Sie den Strom für die entsprechende Lampe komplett ab bzw. ziehen Sie den Stecker der Lampe! Genau wie bei den elektrischen Leitungen in der Wand kann hier noch eine Restspannung vorhanden sein, die zum Kurzschluss führen kann.

• Benutzen Sie nur Glühbirnen mit der für Ihre Lampe geeigneten **Wattzahl**! Diese ist sowohl auf der Verpackung als auch auf der Birne selbst angegeben. Eine zu hohe Leistung kann dazu führen, dass Ihr Leuchtmittel überhitzt und zum potentiellen Brandherd wird.

• Lassen Sie auch weiterhin die gewohnte Vorsicht und Behutsamkeit beim Umgang mit dem Material walten. Die Birne sollte sanft aus dem **Gewinde** herausgedreht und nicht abgebrochen werden.

• Gleiches gilt beim Einsetzen des neuen Leuchtmittels: Drehen Sie die Birne nur so fest, dass sie stabil sitzt. Nicht mit aller Gewalt bis zum **Anschlag** oder gar darüber hinaus drehen. Sie werden es sich beim nächsten Austausch danken.

Mehr will ich Ihnen gar nicht mit auf den Weg geben. Am wichtigsten ist mir, dass Sie zu keinem Zeitpunkt in diesem Kapitel leichtsinnig werden, sondern Ihre Sache mit Ruhe und **Verstand** anpacken. Dann klappt's auch mit dem Nachbarn.

Glühbirne auswechseln

Habe ich da etwa jemanden kichern gehört? Gut, ich vermute, dass einige in diesem Moment mit krauser Stirn auf die Seite starren und sich fragen: „Will der Mensch mir ernsthaft erklären, wie ich eine banale Birne zu wechseln habe?"

In der Tat: Das ist der Plan. Denn gerade weil es eine scheinbar so harmlose Geschichte ist, möchte ich Sie daran erinnern, dass Sie immer noch mit Strom arbeiten und dass alle Sicherheitsvorkehrungen vom Anfang dieses Kapitels weiterhin ihre uneingeschränkte Gültigkeit haben.

Micks Tipp:

Wenn Sie ein LED-Leuchtmittel austauschen möchten, achten Sie unbedingt darauf, dass Sie das neue Leuchtmittel nicht mit Ihren blanken Fingern anfassen. Es befindet sich immer etwas Feuchtigkeit an Ihren Fingern und diese kann dem neuen Leuchtmittel den Garaus machen, bevor es jemals richtig erleuchten konnte.

Dimmer

Die neue Glühbirne sitzt in der Fassung, und nach dem Druck auf den Schalter wird es auch tatsächlich Licht. Hervorragend. Aber irgendwie reicht das schnöde An/Aus nicht. Draußen schaltet die Welt ja auch nicht unvermittelt von Mittagssonne auf Stockfinster. Ein bisschen mehr Spielraum wäre nett.

Wir wollen dimmen statt schalten! Der Fachmann spricht hier von einem **Helligkeitsregler.** Sie können praktisch jeden Schalter in Ihrer Wohnung durch einen stufenlosen Dimmschalter ersetzen.

Viele verschiedene Hersteller bieten viele verschiedene **Ausführungen und Varianten** mit mehr oder weniger Zusatzfunktionen an. Hier ist der Anwendungszweck und Ihr persönlicher Geschmack Maßstab für die Kaufentscheidung. Achten Sie aber darauf, dass der Dimmer tatsächlich für Ihre Leuchtmittel geeignet ist. Nehmen Sie einen Spickzettel mit den wichtigsten Daten zu Ihrem Einkauf mit.

Sie haben sich bereits entschieden und stehen schon ungeduldig mit Dimmer und Werkzeug bereit? Ich fang' ja schon an:

1. Sollten Sie an dieser Stelle nicht schon lange losmarschiert sein und den **Strom** selbstständig abgeschaltet haben, holen Sie dies jetzt nach! Ich schaue Sie derweil strafend an.

2. Wie schon bei den Steckdosen, entfernen Sie als Erstes die **Verkleidung** des alten Schalters, um an die Befestigungsschrauben im Innern des Schalters zu gelangen. Lösen Sie die Schrauben!

3. Jetzt können Sie den alten **Schalter** aus der Wandöffnung herausnehmen. Lösen Sie die einzelnen Drahtadern aus den Klemmen. Der alte Schalter kann anschließend weggelegt werden.

4. Holen Sie Ihren neuen Dimmschalter aus der Verpackung. Um die Leiter anschließen zu können, müssen Sie den eigentlichen Schalter, also den **Drehknopf oder Wippschalter**, und die Abdeckung voneinander lösen.

5. Mithilfe meiner kleinen Leiterkunde und des Abschnitts über Steckdosen haben Sie in Windeseile die richtigen Drähte mit den **passenden Eingängen** Ihres Dimmers verbunden. Außenleiter, Neutralleiter, Schutzleiter? Check!

6. Nach erfolgreicher Verkabelung passen Sie den **Dimmereinsatz** wieder schön gerade (Wasserwaage hilft!) und fest in die Wandöffnung ein und bringen sowohl die Befestigungen als auch die Abdeckung wieder an.

7. Zum Schluss wird der Schalter bzw. **Knopf des Reglers** aufgesetzt. Schalten Sie den Strom wieder ein.

Ein letzter Test verrät Ihnen, dass Sie alles richtig gemacht haben und Sie es ab sofort mit allen denkbaren Nuancen von Hell und Dunkel aufnehmen können – und zwar stufenlos!

Strom sparen

Sollte es Ihnen jetzt ganz kribbelig sein, könnte das natürlich einerseits an der elektrischen Aufladung liegen, der ich Sie auf den vergangenen Seiten ausgesetzt habe. Ich bevorzuge allerdings die Vorstellung, dass Sie jetzt total im Thema sind, die Kabelzange locker im Halfter sitzen haben und unbedingt mehr erfahren möchten.

Ich will Ihnen hier noch mehr von meinen **Kniffen** und Erfahrungen ans Herz legen, mit denen Sie ein paar Euro einsparen können:

• **Besondere Räume** sollten besondere Beachtung erfahren: In den Sicherheitshinweisen habe ich schon von den Kindersicherungen gesprochen. In Feuchträumen, wie dem Badezimmer, empfiehlt sich zudem der Einsatz von Steckdosen mit Schutzklappen. Auch in der Werkstatt oder dem Hobbyraum, wo Schmutz und Staub umherfliegen, sind diese sinnvoll.

• Vergessen Sie die gute alte **Mehrfachsteckleiste** nicht! Sie ist nicht nur unerlässlich, wenn keine Möglichkeit besteht, weitere Steckdosen zu installieren. Auch sie hilft mit einem integrierten Netzschalter beim Strom sparen, und ein eingebauter Überspannungsschutz kann Ihrem Heimkino im Ernstfall das Leben retten.

• Sparen fängt beim Kaufen an. Das heißt aber nicht, dass Sie sich für das billigste Gerät entscheiden sollten. Investieren Sie in der Anschaffung lieber ein paar Euro mehr in einen energiesparenden Kühlschrank der Klasse A+ oder A++. Die Mehrkosten holen Sie über den Lebenszyklus durch die **geringeren Betriebskosten** wieder herein.

• Nicht alle Elektrogeräte sind so übersichtlich in **Energieklassen** eingeteilt. Hier hilft ein Blick auf das technische Datenblatt, auf die Verpackung oder ins Internet oder es hilft ein freundlicher Verkäufer weiter.

• A propos Kühlschränke: Es sollte eigentlich jedem einleuchten: Stellen Sie Geräte, die der Kühlung dienen, bitte nicht direkt an die Heizung! Das bedeutet Dauerstress für die Maschine und somit Ihren Energieverbrauch. **Verschmutzte Lüftungen und Dichtungen** haben den gleichen negativen Effekt.

• Ein bisschen **weniger kalt** tut's auch und spart dauerhaft. Im Kühlschrank sind mollige 5 bis 7° C angebracht, die Bewohner des Gefrierfachs fühlen sich bei -18° C pudelwohl. Wenn die Eisberge zu wachsen beginnen, wird es Zeit, das Fach (oder den Schrank) auszuräumen und abzutauen. Mehr als ein- oder zweimal im Jahr sollte das nicht nötig sein.

• Ein bisschen **weniger heiß** tut's genauso: Den Backofen vorzuheizen bedeutet, die ganze schöne Energie an die Luft zu verschwenden. Verzichten Sie darauf, wenn es nicht unbedingt sein sollte.

• Bei jedem Öffnen der Ofentür entweicht Wärme, die anschließend erst wieder aufgebaut werden muss – mit Energie. Nutzen Sie zum Nachgucken lieber das **Sichtfenster** und vermeiden Sie unnötiges Öffnen und Schließen der Tür!

• Nutzen Sie die **Restwärme**! Schalten Sie Herd oder Ofen einfach etwas früher als gewohnt ab.

• Freunde des gegarten Gemüses können mit einem **Schnellkochtopf** bis zu 40 Prozent Energie einsparen!

• Vermeiden Sie bei Spül- und Waschmaschine verschwenderische (Halb-)Leerläufe. Nutzen Sie das **Fassungsvermögen** aus oder verwenden Sie Sparprogramme. Die Waschmaschine darf allerdings auch nicht überladen werden.

• Nicht jede **Wäsche** muss gekocht werden! Den heutigen Alltagsschmutz bekommen Sie schon bei Temperaturen zwischen 30 und 40°C problemlos heraus. Bei hartnäckigen Flecken empfiehlt sich eher ein Spezialreiniger oder eine Vorwäsche als ein Hitzebad bei 90° C.

• Der Wäschetrockner ist ein weiterer schlimmer **Stromfresser.** Natürlich ist er unfassbar bequem, aber wenn Sie die Möglichkeit dazu haben, hängen Sie die Wäsche trotzdem einfach mal über Nacht zum Trocknen auf. Ihr Geldbeutel wird es Ihnen danken.

• Erinnern Sie sich noch an die **Steckdosen mit den Schaltern?** Vergessen Sie nicht, sie auch zu benutzen. Machen Sie es beispielsweise zum Teil Ihrer Abendroutine und schicken Sie auf dem Weg ins Schlafzimmer schnell noch Fernseher, Computer, Steckdosenleisten und was sonst alles in der Nacht nicht benötigt wird ebenfalls schlafen.

• Ihr Licht ist auch elektrisch. Es sei denn, Sie kommen vollständig mit Kerzen, Fackeln und Kaminfeuer aus. Zwar hat sich mit den heutigen **Energiesparlampen** die Situation schon deutlich verbessert. Dennoch ist es eine gute Angewohnheit, beim Verlassen eines Raumes das Licht zu löschen. Befreien Sie Ihre Leuchtmittel zudem regelmäßig von Staub und Verschmutzungen!

Wenn Sie sich einen bewussteren Umgang mit Strom angewöhnen, können Sie durchaus einen dreistelligen Euro-Betrag im Jahr einsparen. Wie Sie dieses Geld umgehend und bestens wieder investieren können, verrate ich Ihnen im nächsten Kapitel.

Garten

Die Sonne lacht, Vöglein zwit-
schern und ein zarter Windhauch
lässt die Blätter der Bäume
rauschen – ideale Bedingungen
für ein geselliges Beisammensein
mit Freunden beim sommerlichen
Grillfest. Doch zunächst müssen
die Gartenmöbel aus ihrem Winter-
schlaf erweckt, der Zaun frisch
gestrichen und die Holzdielen der
Terrasse witterungsbeständig gemacht werden. In diesem Kapitel
zeige ich Ihnen, wie Sie Ihr
Gartenzimmer wohnlich gestalten,
welche Holzsorten besonders gut
für draußen geeignet sind und
welcher Pflege sie bedürfen, damit
zur Gartensaison für Fest und
Freunde alles in Glanz erstrahlt.

Holz im Außenbereich

Wenn's um Gartenmöbel geht, ist Holz ein absoluter Klassiker. Überhaupt wird im Außenbereich gerne zu natürlichem Material gegriffen. Aber gerade weil Holz natürlich ist, ist es auch besonders anfällig für Witterung, UV-Licht und Schädlinge. Jeder kennt das: Lässt man die neuen Möbel eine Weile ungeschützt vor Wind und Wetter stehen, sehen sie danach nicht nur alles andere als ansehnlich aus, mit der Zeit verfällt das Material und geht kaputt.

„Holz arbeitet" oder „lebt", hört man oft. Das heißt, es verändert je nach Umgebung und Beanspruchung ständig seine Struktur. Z. B. nimmt Holz Feuchtigkeit auf oder gibt sie ab und verformt sich deshalb. Außerdem ist Holz gerade im Außenbereich anfällig für Schädlinge, wie Holzwürmer oder Pilze. Auch dadurch verändern sich seine Form und Struktur.

Die UV-Strahlung der Sonne sorgt dafür, dass Holz seine Farbe verliert, und auf Dauer wird das Holz sogar dadurch zerstört. Denn durch die UV-Strahlung wird ein wichtiger Inhaltsstoff (Lignin), der die Holzfasern zusammenhält, abgebaut. Die Folge: Das Holz wird spröde und es kann viel leichter Wasser einsickern und alles aufweichen.

Pilze und Bakterien fühlen sich in solch permanent feuchter Umgebung pudelwohl! Sie fressen sich allmählich durchs Holz und dann gesellen sich auch noch Maden, Würmer und Käfer dazu. Klingt ein bisschen wie in einem Horrorfilm, aber tatsächlich ist das ein ganz **natürlicher Prozess**. Wenn man ihn nicht verhindert.

Holz ist ein uralter Werkstoff. Auch der **Holzschutz** hat deshalb eine lange Geschichte. Im Laufe der Zeit zeigte sich, welche Holzart robuster ist als andere und mit welchen Mitteln man den Werkstoff am besten schützen kann. Wenn Sie vor der Entscheidung stehen, das ideale Holz für den Außenbereich auszuwählen – ob für einen Terrassenboden, einen Carport oder Gartenmöbel –, sollte deshalb nicht nur die Optik eine Rolle spielen, sondern auch, wie widerstandsfähig und witterungsresistent das Holz ist. Deshalb gibt's im Folgenden einen kurzen Überblick in Sachen Holzkunde.

Kleine Holzkunde

Generell unterscheidet man Laub- und Nadelhölzer. Dann gibt es noch Tropenhölzer, die aber nur deshalb so bezeichnet werden, weil es sich dabei nicht um einheimisches Holz handelt.

Laubhölzer

Zu den Laubhölzern zählt die gute alte **Eiche**. Sie ist besonders widerstandsfähig, sogar gegen Wasser, und kommt deshalb im Außenbereich auch ohne Behandlung klar. Allerdings ist Eiche ziemlich teuer und wird deshalb selten als Baustoff für draußen verwendet.

Esche ist zwar sehr hart und fest, allerdings nicht beständig gegen Witterung. Auch leidet dieses Laubholz leicht unter Schädlingen und Pilzbefall. Holzschutzmittel helfen hier leider auch nicht weiter, da sie über die Oberfläche kaum aufgenommen werden.

Buche verändert ihre Struktur stärker als andere Laubhölzer und kann sich deshalb schnell verformen. Wird es Wind und Wetter ausgesetzt, hält dieses Holz leider nicht viel aus, und es eignet sich deshalb wenig für den Außenbereich.

Birke ist zwar ziemlich wetterfest, allerdings sehr anfällig für Insekten und Pilze. Damit hat z. B. **Nussbaumholz** eher keine Probleme, aber dafür ist dieses wiederum nicht witterungsresistent.

Auch Edellaubhölzer, wie **Ahorn, Kirsche oder Zwetschge**, kommen für den Außenbereich nicht in Frage.

Nadelhölzer

Insgesamt sind Nadelhölzer weicher und elastischer als Laubhölzer. Und sie wachsen schnell nach, weshalb sie häufig verarbeitet werden und ziemlich preisgünstig sind.

Douglasie ist etwas härter als andere Nadelhölzer, und die Verarbeitung ist deshalb viel aufwändiger. Aber: Das Holz ist besonders resistent gegenüber Schädlingen und Pilzen. Auf Holzschutzmittel kann man deshalb hier sogar verzichten. Ideal für den Außenbereich also.

Auch **Lärche** ist beliebt bei Gartenmöbeln, Terrassenboden und Co. Sie ist sehr harzreich und wird deshalb von Ungeziefern gemieden. Außerdem behält dieses Holz eher die Form und ist witterungsbeständig. Die Oberfläche verfärbt sich mit der Zeit silbergrau. Das kann man mögen, muss man aber nicht.

Auch **Kiefer** und **Fichte** enthalten viel Harz und vertreiben deshalb Schädlinge. Allerdings sind diese Hölzer nicht besonders witterungsbeständig und bedürfen deshalb im Außenbereich besonderer Schutzmittel.

Tropenhölzer

Tropenhölzer sind robuster als heimische Hölzer. Im Außenbereich wird deshalb gerne **Bangkirai** oder **Teak** eingesetzt. Achten Sie aber gerade bei tropischen Hölzern unbedingt immer auf das **FSC-Siegel**. Denn nur das garantiert, dass hier kein Raubbau am Regenwald betrieben wurde und die Hölzer aus nachhaltiger Bewirtschaftung stammen.

Fazit der kleinen Holzkunde: Holz braucht den optimalen Schutz, damit es lange hält und auch gut aussieht.

Holzschutz

Bevor man zu Holzschutzmitteln greift, sollte man das Holz grundsätzlich so gut wie möglich vor Feuchtigkeit und Sonne schützen. Gartenmöbel können Sie oft einfach im Haus trocken lagern, aber bei Terrassenböden, Zäunen, Fenstern oder Türen sieht das schon anders aus. Bedenken Sie also schon bei der Planung, wie sehr das Holz später durch Wind, Wetter und Sonne beansprucht wird. Gefährlich ist immer, wenn sich Wasser irgendwo staut. Sie sollten deshalb immer dafür sorgen, dass es so gut wie möglich abfließen kann.

Kommen wir jetzt zu den **Schutzmitteln** für Hölzer. Generell gilt: Ist das Holz unbehandelt, kann leichter Feuchtigkeit eindringen. Ausnahmen stellen tropische Hölzer oder die heimische Eiche dar. Aber gerade bei Fichte, Kiefer, Lärche und Douglasie machen sich Bläuepilze gerne breit. Wie der Name schon sagt, verfärbt sich das Holz dadurch Blau. Das ist zwar zunächst einmal nicht wirklich bedenklich, weil die Struktur trotzdem fest und stabil bleibt. Aber die Folgen darf man auf keinen Fall unterschätzen. Denn der **Bläuepilzbefall** ist eben ein Indiz dafür, dass das Holz feucht genug ist, um den Nährboden für andere Pilze, Bakterien und Schädlinge zu bereiten, die weitaus mehr zerstören können.

Bläuepilze verhindert man deshalb am besten schon von vorneherein, indem man unbehandelte Hölzer zunächst mit einem speziellen Bläueschutzmittel behandelt. **Kesseldruckimprägnierte Hölzer** brauchen so einen Schutz nicht. Diese Hölzer wurden vorher in einem besonderen Holzschutzverfahren (Vakuum-Druckverfahren, bei der die Feuchtigkeit im Holz entweicht, danach werden Holzschutzsalze hineingepresst) widerstandsfähig im Hinblick auf Schädlinge verarbeitet.

Nächster Schritt nach der Behandlung mit dem Bläueschutzmittel: **eine Dünn- oder Dickschichtlasur auf Naturharzbasis.** Vorteil der Dünnschichtlasur: Sie dringt tief ins Holz ein und blättert mit der Zeit nicht ab. Nachteil ist allerdings, dass man ungefähr alle zwei bis vier Jahre nachstreichen muss, weil das Holz trotzdem Feuchtigkeit aufnimmt und verwittern kann. Dagegen bildet die Dickschichtlasur auf der Oberfläche einen Film, ins Holz kann keine Feuchtigkeit eindringen. Allerdings ist hier der Nachteil, dass die Lasur im Laufe der Zeit schneller abblättert.

Ist das Holz doch mal beschädigt oder durch Witterung grau geworden: Einfach die Oberfläche abschleifen und schon ist sie wieder wie neu. Bei **Schimmelbefall** behandeln Sie das Holz am besten mit einem Reinigungsmittel auf Natriumhypochlorid-Basis. Danach muss alles gründlich mit Wasser entfernt werden. Das Holz trocknen lassen und dann ölen.

Ob Dick- oder Dünnschichtlasur: Es kommt darauf an, was Sie damit behandeln möchten. Eine Tür oder ein Fensterrahmen etwa darf sich nicht verziehen. Da ist es umso wichtiger, dass keine Feuchtigkeit ins Holz eindringt und sich das Holz dadurch verformt. Hier würde ich zur Dickschichtlasur greifen. Bei Zäunen beispielsweise reicht eine Dünnschichtlasur.

Dagegen: Eiche oder Tropenhölzer wie Bangkirai und Teak sind auch unbehandelt äußerst resistent und benötigen solch eine schützende Lasur nicht. Aber ganz ohne Pflege geht's dann doch nicht, wenn man die ursprüngliche Optik erhalten will. Das heißt: Um das Vergrauen zu verhindern, sollten Sie regelmäßig ölen. Am besten zwei bis drei Mal im Jahr (Frühjahr, Frühsommer und Herbst). Kleiner Tipp: Wenn sich Flecken nicht mehr ganz so einfach entfernen lassen, ist es mal wieder an der Zeit, etwas Öl aufzutragen. Achten Sie dabei aber immer darauf, dass das **Öl zur Holzpigmentierung** passt. Sonst kann evtl. durch Einfärbung die ursprüngliche Optik beeinträchtigt werden. Beim Öl sollten Sie auf einen guten Lichtschutz achten und dass Wachs enthalten ist. So wirkt das Öl besonders wasserabweisend.

Gartenmöbel:
Worauf muss ich achten?

Die Qual der Wahl: Genauso wie bei Möbeln für den Innenbereich gibt es bei Gartenmöbeln eine riesige Auswahl. Und auch da gilt: Auf das ein oder andere Kriterium sollte man unbedingt achten, damit man sich später nicht ärgert.

Erster Punkt natürlich: Die Möbel müssen robust sein und Wind, Regen und Sonne gut abkönnen. Also wie sieht es mit der Qualität des Materials aus, wie wurde es verarbeitet? Und hier spielt auch eine gewaltige Rolle, wo sich die Relaxzone eigentlich befindet. Stehen die Möbel direkt auf dem Rasen,

ist die Terrasse überdacht, gibt's einen Wintergarten, eine Markise, einen Sonnenschirm? Sind die Möbel beispielsweise permanent starkem **Sonnenlicht und der Witterung** ausgesetzt, sollte man sich gut überlegen, ob man statt zu Holzmöbeln nicht lieber zu unempfindlicherem Kunststoff oder Edelstahl greift.

Besonders wetterfest und UV-beständig ist **Polyrattan**, ein Geflecht aus Kunststofffasern, das mittlerweile zum Trend geworden ist, allerdings ziemlich teuer ist. **Edelstahlmöbel** sind ebenfalls wetterfest, es gibt jedoch einen großen Nachteil: Das Material erhitzt sich schnell und blendet. Das kann beim Sonnenbaden oder Kuchenessen schnell nervig werden.

Bei **Auflagen für Gartenmöbel** sollte man auf jeden Fall darauf achten, dass sie imprägniert sind. Falls man die Auflagen nämlich mal draußen vergisst – und das passiert schnell –, sind die Polster dann nicht gleich komplett ruiniert. Und damit Sie bequem sitzen, würde ich keine Auflage nehmen, die weniger als 6 cm dick ist.

Gartenmöbel aufpeppen

Möchten Sie Ihren alten Gartenmöbeln eine Frischekur verpassen und sie neu lackieren? Schöne Idee! Ich zeige Ihnen, worauf Sie dabei achten müssen.

Erster Schritt: Das alte Möbel sorgfältig von Schmutz befreien. Dazu können Sie etwas warmes Wasser mit Spülmittel nehmen. Danach alles mit einem Lappen abreiben. Handelt es sich um ein unbehandeltes Holzmöbel, müssen Sie die **Oberfläche** nur leicht anrauen. Ist sie allerdings vorher lackiert worden und der alte Lack blättert an allen Ecken und Enden ab, muss dieser vollständig entfernt werden.

Ist die **alte Lackschicht** mehr oder weniger in Ordnung, muss nur partiell mit Spachtel beigearbeitet und leicht angeschliffen werden. Bei viel Fläche, z. B. bei einem Tisch, geht's schneller und einfacher mit einem elektrischen Schleifgerät. Bei einem Stuhl allerdings bringt das nicht viel (höchstens bei der Sitzfläche), da müssen Sie den alten Lack mit Schleifpapier bearbeiten. Zum Schluss die Oberfläche mit einem Lappen von Staub befreien.

Bei Gartenmöbeln aus Metall schleifen Sie erstmal alles mit einer **Drahtbürste** ab. So entfernen Sie alten Rost und Abblätterungen. Bei hartnäckigen Stellen spezielle Lackentferner (Pasten oder Gel) verwenden. Bei glatten Sitzflächen bietet sich auch ein elektrisches Schleifgerät an, geht es an verschnörkelte Stellen, erleichtert eine **Feinschleifbürste** die Arbeit.

Ist alles glatt und frei von Schmutz, wird (egal ob es sich um Holz oder Metall handelt) grundiert. Dann so lange aushärten lassen, wie nötig (Angaben des Herstellers beachten!). Danach folgt schließlich der **Endanstrich** in der Lieblingsfarbe.

Sendung
Gartenmöbel
fit für den Sommer

ZDF FernsehGarten

Gartenbank

Ich persönlich liebe die Natur und Garten- bzw. Grillpartys. Aber wer tut das nicht? Denn was gibt es Schöneres, als mit Freunden oder der Familie auf der Terrasse zu sitzen, Fleisch zu grillen, Nudelsalat zu essen und ein schönes kühles Bier zu trinken. Da gibt es meiner Meinung nach nicht besonders viel. Trotzdem kommt es immer schnell zu Platzproblemen. Daher habe ich im FernsehGarten die Lösung für eine einfache Gartenbank vorgestellt. Wenn sich also in Zukunft spontan Gäste ankündigen, haben Sie immer einen Platz parat.

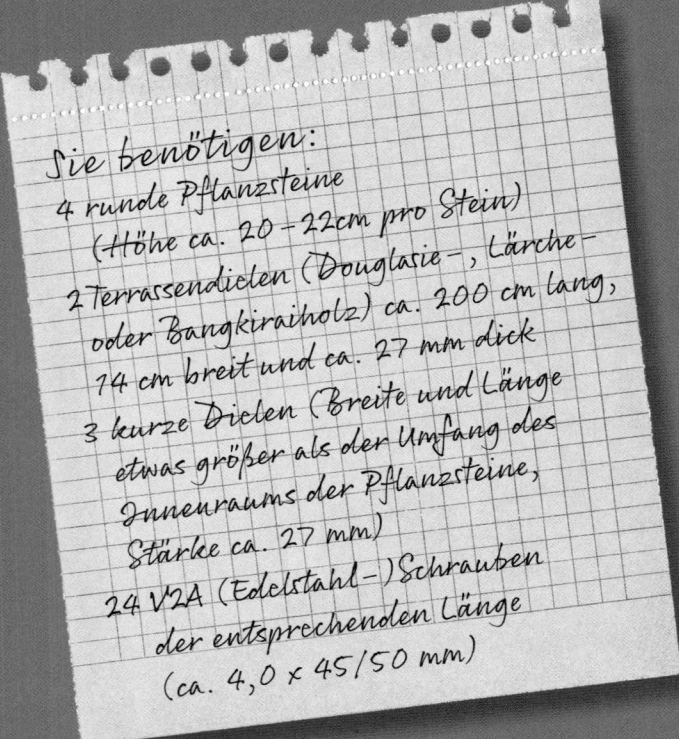

Sie benötigen:
4 runde Pflanzsteine
(Höhe ca. 20–22cm pro Stein)
2 Terrassendielen (Douglasie-, Lärche-
oder Bangkiraiholz) ca. 200 cm lang,
14 cm breit und ca. 27 mm dick
3 kurze Dielen (Breite und Länge
etwas größer als der Umfang des
Innenraums der Pflanzsteine,
Stärke ca. 27 mm)
24 V2A (Edelstahl-) Schrauben
der entsprechenden Länge
(ca. 4,0 x 45/50 mm)

1 Terrassendielen und Pflanzsteine können Sie einzeln im Baumarkt kaufen. Falls Sie noch Reste von Ihrer Terrasse übrig haben, umso besser! Wenn alle Materialien bereitliegen, kann es auch schon losgehen.

2 Legen Sie die erste kleine Diele auf den Boden und den Pflanzstein darauf. Zeichnen Sie dann mit einem Bleistift einmal entlang des Innenraums den Umriss auf die Diele und entfernen Sie den Pflanzstein. Nun zeichnen Sie noch einmal ca. 3 mm innerhalb dieses Umrisses eine weitere Markierung.

3 Das Stück innerhalb der zweiten Markierung sägen Sie mit einer Stichsäge aus. Wie das geht, lesen Sie auf Seite 38. Diesen Vorgang wiederholen Sie nun noch einmal mit der nächsten Diele.

4 Jetzt nehmen Sie die beiden Terrassendielen zur Hand. Legen Sie sie mit der oberen Seite, der späteren Sitzfläche, auf den Boden, sodass beide Dielen parallel nebeneinander liegen. Es sollte natürlich ein kleiner Spalt von ca. 10 bis 15 mm zwischen den beiden Latten bleiben.

5 Schrauben Sie die ausgesägten Aussparungen jeweils 20 cm von der Kante entfernt an den entgegengesetzten Enden der Latten fest. Um der Sitzfläche mehr Stabilität zu verleihen, schrauben Sie die dritte, zuvor auf eine Länge von ca. 25 cm abgesägte Diele genau mittig zwischen den beiden Enden fest. Dafür benutzen Sie Edelstahlschrauben, da diese nicht rosten. Ideal für den Garten!

6 Setzen Sie den ersten Pflanzstein an die für ihn vorgesehene Stelle. Jetzt können Sie die Sitzfläche umdrehen und die Aussparung in die obere Öffnung des Pflanzsteins einpassen. Sobald das Holz in den Stein eingerastet ist, können Sie den zweiten Pflanzstein unter der anderen Aussparung platzieren.

7 Nachdem Sie diesen ebenfalls korrekt eingesetzt haben und die Position Ihrer Bank stimmt, nehmen Sie die Sitzfläche ab. Legen Sie auf beide Pflanzsteine jeweils einen weiteren Stein auf. So erhalten Sie die richtige Sitzhöhe.

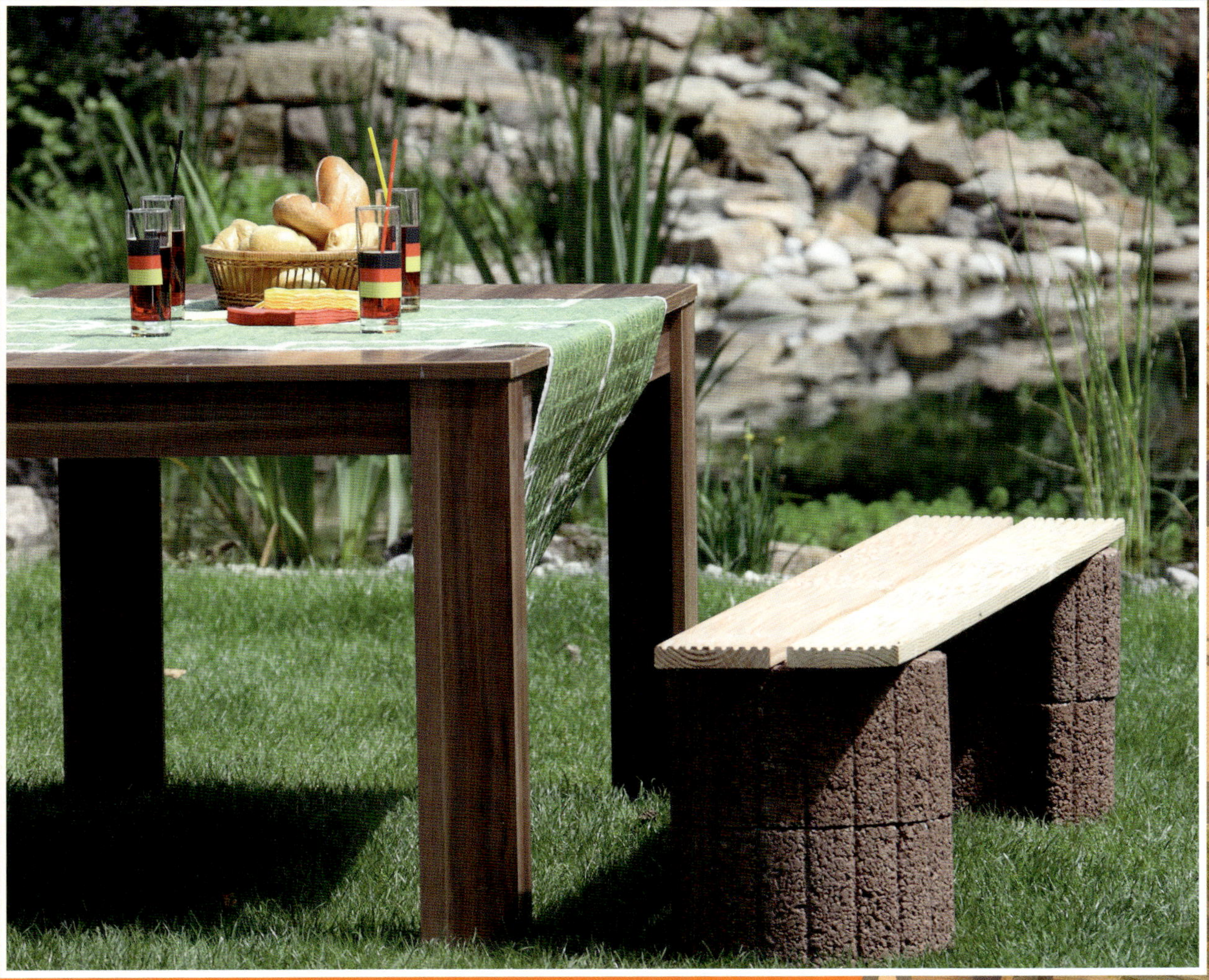

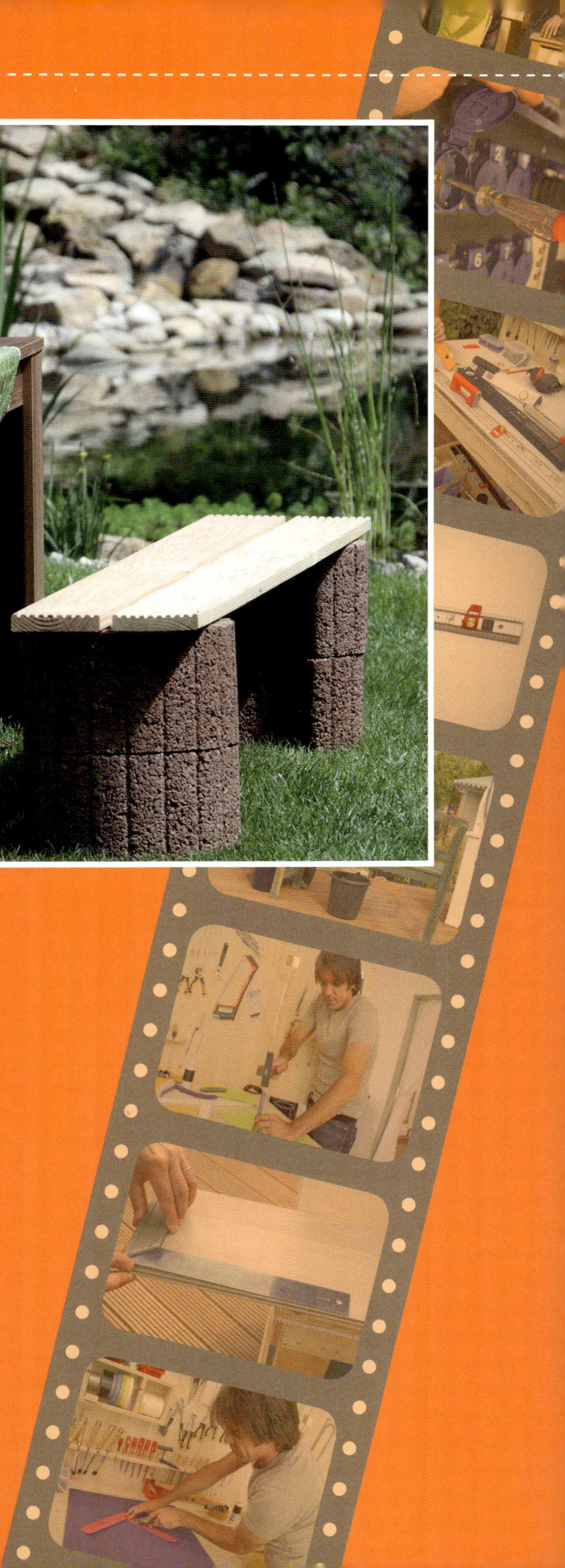

8 Jetzt können Sie die Sitzfläche wieder einpassen. Fertig ist Ihre einfache Gartenbank und die Party kann steigen. Wenn Sie den Platz wieder benötigen oder der Winter näher rückt. können Sie die Bretter einfach an die Wand oder ins Gartenhaus stellen.

Tipp: Beabsichtigen Sie, eine längere Bank zu bauen, ist es sinnvoll, diese durch weitere Pflanzsteine in der Mitte zu verstärken.

Sendung
Herstellung einer Gartenbank aus Pflanzsteinen und Brettern

Räucherofen

Jetzt habe ich Ihnen schon eine einfache Gartenbank für Ihre Grillparty vorgestellt, aber wie wäre es, wenn Sie Ihren Gästen auch einen selbst kreierten Räucherofen vorstellen könnten? Die Methode des Räucherns ist wirklich vielseitig!

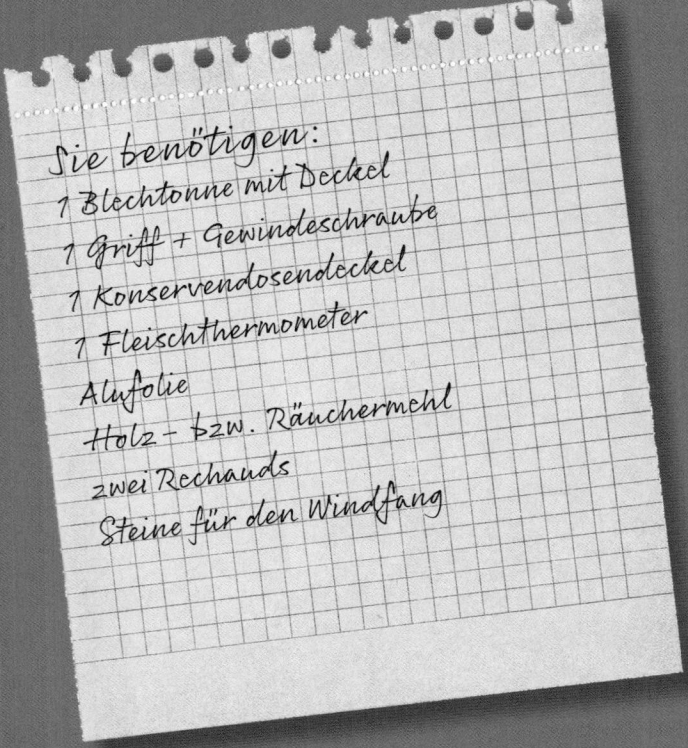

Sie benötigen:
1 Blechtonne mit Deckel
1 Griff + Gewindeschraube
1 Konservendosendeckel
1 Fleischthermometer
Alufolie
Holz - bzw. Räuchermehl
zwei Rechauds
Steine für den Windfang

1 Bei der Tonne und dem Deckel ist es besonders wichtig, dass sich an ihnen keine Rückstände von Farben, Lacken oder anderen schädlichen Stoffen befinden. Ich empfehle, sie einfach im Internet zu kaufen. Sollten Sie noch ein altes Fass zur Hand haben, sollten Sie dieses sehr gründlich reinigen und anschließend ausbrennen. Dies ist notwendig, um mögliche gesundheitsschädliche Reste zu entfernen.

2 Sobald die Tonne ausgiebig behandelt ist, kann die eigentliche Arbeit beginnen. Bohren Sie in die Mitte des Deckels ein Loch, um einen Griff zu befestigen. Griffe erhalten Sie in jedem Baumarkt. Der Griff wird von unten mit einer Mutter über die Gewindeschraube am Deckel festgezogen.

3 Legen Sie dann den Konservendosendeckel auf den Deckel und bohren Sie vier Löcher mit einem Durchmesser von ca. 1 cm durch beide Teile hindurch. Ein fünftes Loch bohren Sie in die Mitte des Konservendosendeckels. Verbinden Sie über dieses Loch beide Elemente mit Hilfe einer Gewindeschraube und einer Mutter. Durch das Verschieben des kleinen Deckels kann die Hitze im Ofen variiert werden.

4 In den oberen Bereich der Tonne bohren Sie nun jeweils drei sich gegenüberliegende 3 mm große Löcher, also insgesamt sechs. Zwischen diesen sollten immer ca. 4 cm Abstand liegen. In die Löcher führen Sie nun drei Schweißstäbe ein, an denen Sie später das Räuchergut befestigen können. Ein dicker Draht tut es natürlich auch.

5 Circa auf halber Höhe der Tonne bohren Sie ein weiteres Loch. In dieses führen Sie das Fleischthermometer ein. Die Größe des Lochs wird daher durch den Durchmesser des Thermometers bestimmt. Hier können Sie später die Innentemperatur ablesen.

6 Nun sind Sie auch schon fast fertig. Der Boden der Tonne wird nun mit Holzmehl ausgelegt. Achten Sie darauf, dass das Holzmehl zum Räuchern geeignet ist. Es sollte keinesfalls schimmlig oder feucht sein. Natürlich ist auch hier darauf zu achten, dass das Holzmehl weder verunreinigt noch mit Farbresten oder Lacken belastet ist. Sie können geeignete Räucherspäne, -Briketts oder -Mehl bequem bei Angel- oder Jagdversandhäusern ordern.

7 Auf Ihr Räuchermaterial legen Sie noch eine Schicht Alufolie, um die Späne vor Fett und Feuchtigkeit zu schützen. Den Ofen stellen Sie nun auf geeignete Steine, z. B. Bauziegel. Zwischen die Ziegel und unter die Tonne schieben Sie nun die Rechauds. Und schon können Sie mit dem Räuchern beginnen. Guten Appetit!

Tipp: Ich empfehle Laubhölzer, wie z. B. Eichen- oder Buchenholz. Um das Aroma Ihres Räuchergutes zu verfeinern, können Sie außerdem getrocknete Lorbeeren und Wacholderzweige zum Räuchermaterial hinzugeben. Aufgrund des hohen Harzgehaltes sind Nadelbäume ungeeignet. Und nur der Vollständigkeit halber weise ich Sie ausdrücklich darauf hin, dass weder Bauholz noch Reste von lackierten Möbeln oder von Parkett zum Räuchern geeignet sind.

Sendung
Herstellung eines
Räucherofens

Mick Wewers

Ein kurzes Wort zu meiner Person. Geboren wurde ich am 07.11.1966 im schönen Köln-Nippes. Meine Liebe zum Handwerk, insbesondere dem Schreinern, wurde mir von meinem Vater vor- und später mit ihm zusammen gelebt. Schon früh durfte ich mit ihm in seiner kleinen Heimwerker-Werkstatt das eine oder andere Werkstück anfertigen. Und so war es auch nicht verwunderlich, dass ich nach meinem Schulabschluss eine Ausbildung zum Schreiner begann und nach drei Jahren erfolgreich beendete. Doch ich wollte mehr. Daher entschied ich mich, die Fachoberschulreife in Verbindung mit Gestaltung und Design zu absolvieren. Nach einer langen Zeit als freiberuflicher Objektdesigner kam ich dann auf Umwegen zum Fernsehen. Hier durfte und darf ich viele Projekte – von klein bis groß – planen und umsetzen. Und natürlich habe ich während dieser Zeit wahnsinnig viel gelernt. Über mich, über das Handwerk, über verschiedene Techniken und über das Arbeiten mit Menschen verschiedenster Herkunft.

Impressum

BILDREDATION: Nicole Janke, Neuhausen
COVERGESTALTUNG: init. Kommunikationsdesign, Bad Oeynhausen
LAYOUTENTWURF: Katrin Röhlig
LEKTORAT: Susanne Dubbers, Ludwigsburg
SATZ: DSP GmbH, Ettlingen
DRUCK UND BINDUNG: Neografia, Slowakei

BILDNACHWEIS

© fotolia
akf; AlexQ; Alistair Cotton; andrea lehmkuhl; auremar; awfoto; axpitel; B. Wylezich; Carlos Caetano; coco; contrastwerkstatt; Creatix; Decellio; djama; djtaylor; ELH Toa Tor; eliasbilly; eltfoto; fefufotot; Firma V; flashpics; frankdaniels; Gina Sander; GoodMood Photo; gorvik; grossimov; hdg033; Ideenkoch; Igor Sokolov; Igor Tarasov; Jacues PALUT; JJ; Jörg Lantelme; Kadmy; Klaus-Peter Adler; kuppa; Kzenon; levent sevimli; lunamarina; luther2k; M. Schuppich; Marco2811; mariesacha; Marin Conic; m-buehner; mma23; Nik; p!xel 66; Paul Maguire; pepieti; Peter Atkins; Piotr Wawrzyniuk; pterwort; Ralf Kalytta; Sandor Kacso; Sandro Götze; Sergej Razvodovskij; Sergej Toporkov; Stibat Studio; styleuneed; Sven Bähren; svort; TEMISTOCLE LUCARELLI; travelguide; Winai Tepsuttinum; womue; Yoanna Boyadzhieva; Yosef19; Zacarias da Mata

© florapress
S. 93: Orédia

© iStock
a_Taiga; abbesses; Albuquerque; Alexander Ignatiev; AlexGul; Andrew_Howe; Andrey_Kuzmin; backwaterimages; BanksPhotos; Bastar; BondJ007; Branislav; Branko Miokovic; Brian McEntire; CandyBoxImages; caracterdesign; carla lisinski; craftvision; Dave White; domin_domin; dustin steller; Duygu Ozen; Eerik; Ekely; elenaleonova; Eneri LLC; esp_imaging; Feverpitched; Floortje; flyfloor; hudiemm; Fuego; fullvalue; Gary Woodard; gemenacom; Gergely Cziva; hatman12; hehezhizhi; IgnacioSalaverria; Ines Koleva; Innershadows; ivanastar; Janice Richard; JeanValley; JestersCap; JTSorrell; JulNichols; Kenneth Ro; Kerrick; Kontrec; LeoGrand; LianeM; Lisa Thornberg; Luis Albuquerque; Luis Carlos Torres; malerapaso; manley099; Marco Machi; MarcQuebec; mark wragg; MilanMarkovic; mm88; moniaphoto; NanJMoore; nicolas_; Owen Price; PaulTessier; peepo; pepifoto; Petair; phototropic; photovideostock; pidjoe; polarica; popvaphoto; RichardForeman; Rike_; ronstik; rudisill; Rüstem GÜRLER; s-cphoto; Sebastian Duda; Sherwin McGehee; Sieboldianus; simplytheyu; skodonnell; Spiderstock; stevecoleimages; stocknroll; surpasspro; tacojim; thumb; Tomislav Zivkovic; tuja66; VikaValter; Wakila; wragg; Wuka; xefstock; xyno; zilli; Zmell Photography; zzoom

© lichtpunkt, Michael Ruder, Stuttgart
Umschlag vorne: Frau mit Werkzeug

© Valéry Kloubert, Köln
Umschlag vorne und hinten: Freisteller Mick Wewers; S. 6; S. 9; S. 36 oben; S. 47; S. 50 links oben; S. 69 rechts; S. 73; S. 87; S. 99; S. 111; S. 121; S. 133; S. 147; alle Freisteller Mick Wewers

© ZDF
Umschlag hinten: Mick Wewers im FernsehGarten; S. 45: Bilder im Filmstreifen; S.91; S. 95; S. 97; S. 105 unten; S. 109; S. 151 unten; S. 155; S. 157

Die Sendung „ZDF-FernsehGarten" ist eine Sendung des Zweiten Deutschen Fernsehens
Lizenz durch: ZDF Enterprises GmbH © ZDF 2013 -Alle Rechte vorbehalten-

2. Auflage 2013   © 2013 frechverlag GmbH, 70499 Stuttgart

ISBN 978-3-7724-5941-2   Best.-Nr. 5941